SAINT SÉBASTIEN, PRIEZ POUR NOUS

STATUE DE SAINT SÉBASTIEN

vénérée dans la Paroisse de Merfy depuis 1714,
et sculptée par un habitant du pays

VIE ET OFFICE

DE

SAINT SÉBASTIEN

MARTYR

Avec des Prières à l'usage des Pèlerins
qui viennent honorer ses Reliques dans l'Eglise
de MERFY (diocèse de Reims)

REIMS

IMPRIMERIE DUBOIS-POPLIMONT

Rue de Vesle, 220

—

1891

IMPRIMATUR

Remis, 5 Decembris 1890

P. L. PÉCHENARD

Vic. gén., Protonot. apostol.

(PROPRIÉTÉ DE L'ÉGLISE DE MERFY)

NOTICE

SUR

SAINT SÉBASTIEN

MARTYR

Sur la fin du IIIe siècle, sous les empereurs Maximilien et Dioclétien, se faisait remarquer, parmi les hauts dignitaires de l'Empire romain, un jeune officier. Ses qualités personnelles, bien plus encore que sa naissance, l'avaient élevé, presque au sortir de l'adolescence, à une des charges les plus importantes de la maison des Césars.

C'était saint Sébastien, né à Narbonne, patrie de son père, et originaire de Milan, patrie de sa mère, où il avait été élevé.

Doué d'une intelligence remarquable, qu'avait développée et sagement dirigée une éducation distinguée, il possédait à un haut degré l'art de la parole, dont il ne se servait que pour défendre quelque noble cause, servir de grands et légitimes intérêts, ou exprimer de généreux sentiments. Il embrassa de bonne heure la profession des armes, non pas tant par inclination, que pour être plus à même de servir ses frères les chrétiens dans les persécutions que l'on suscitait contre eux. Sa bonté, sa sincérité, sa prudence lui avaient attiré l'estime de tout le monde. Les deux empereurs eux-mêmes l'honoraient de la plus grande confiance; confiance, du reste, que saint Sébastien avait su conquérir par sa vaillance dans les combats, qu'il conservait par sa prudence dans le conseil, et surtout par sa fidélité et son dévouement à toute épreuve.

Dioclétien, en particulier, l'avait pris en affection, il se sentait attiré vers ce saint jeune homme par une force qu'il ne s'expliquait pas, et qui n'était autre chose que l'hommage tacite que le vice rend à la vertu. Afin de l'avoir toujours près de sa personne, il le nomma capitaine de la première compagnie des gardes du palais.

Saint Sébastien, chrétien de cœur et d'action, cachait sous l'habit militaire l'esprit d'un humble chrétien et d'un généreux soldat de Jésus-Christ. N'étant suspect à personne à cause de sa haute position, ses actions n'étaient pas observées ; aussi, profitait-il de la confiance qu'il avait inspirée aux empereurs, en employant son influence à propager la foi et à protéger les fidèles. Il pénétrait dans les prisons, visitait les confesseurs de la foi qui étaient dans les chaînes, et soutenait leur courage par ses exhortations et ses exemples. Le Saint-Esprit parlait par sa bouche ; ses discours pleins de force, et les miracles que Dieu opérait par ses prières, confirmaient les chrétiens et convertissaient les infidèles.

C'est ainsi que nous le voyons, après avoir été le soutien de saint Pancrace, le conseiller et le défenseur de sainte Agnès, descendre dans les prisons, encourager en particulier les deux frères jumeaux Marc et Marcellin, guérir leur père, convertir leur famille, ainsi que les nombreux prisonniers auxquels il prêchait la foi de Jésus-Christ. C'est à la suite d'un de ces discours enflammés, pendant lequel il avait été vu environné d'une lumière céleste, qu'il guérit Zoé, femme du magistrat Nicostrate, qui avait perdu l'usage de la parole depuis six ans ; il la guérit en faisant de la main droite le signe de la croix sur ses lèvres, en lui disant : « Parlez, Zoé, croyez-vous ? » A l'instant même la langue de la muette se déliait, elle tombait aux pieds de saint Sébastien en s'écriant : « Je crois en Notre Seigneur Jésus-Christ. » Il guérit aussi et convertit, entr'autres, le préfet de Rome, Chromantius, qui fut baptisé avec son fils Tiburce et tous les serviteurs de sa maison, au nombre de quatorze cents personnes.

Tant de glorieuses actions ne pouvaient demeurer longtemps cachées : les disciples de saint Sébastien allaient au martyre, le maître ne pouvait manquer d'obtenir la même couronne.

Une violente persécution venait d'éclater de nouveau contre les chrétiens ; le généreux soldat, redoublant d'ardeur et de zèle, enviait le sort des martyrs, il aurait voulu partager la gloire de ceux qu'il consolait et encourageait dans la foi.

Le Seigneur devait bientôt combler ses désirs. Accusé devant l'empereur, non seulement d'être chrétien, mais encore d'être un des plus ardents propagateurs de la foi chrétienne, Dioclétien le fit comparaître en sa présence et lui demanda s'il était chrétien.

« Oui, prince, répondit le vaillant capitaine, je suis chrétien, et je m'en glorifie. »

A ces mots, l'empereur, bondissant sur son siège, lui fait d'amers reproches de ce qu'il payait d'ingratitude les bienfaits dont il l'avait comblé.

« Prince, reprit le saint, je ne suis point ingrat, mais, voyant que c'est une folie, de demander des secours à de vaines idoles, j'ai toujours invoqué Jésus-Christ pour votre salut et la conservation de 'Empire, et j'ai toujours adoré le seul vrai Dieu qui est au ciel. »

Cette sage réponse, loin de satisfaire Dioclétien, ne fit que l'irriter, et, après avoir inutilement employé les promesses et les menaces pour le faire renoncer à sa foi, il ordonna d'attacher saint Sébastien à un arbre et de le percer de flèches.

Les archers reçurent en même temps l'ordre d'avoir soin de ne viser ni au cœur ni à la tête, afin que la mort n'arrivât que lentement.

Le saint martyr, attaché à un arbre dans le jardin du palais, servit-ainsi pendant plusieurs heures de cible vivante aux barbares ; enfin, détaché, criblé de flèches, couvert de sang, affaissé et ne respirant plus, il fut laissé pour mort. Mais Dieu veillait sur son serviteur. La nuit venue, une sainte femme nommée Irène, vint avec ses esclaves pour enlever les restes vénérés de saint Sébastien. Penchée sur la victime, elle écarte d'une main tremblante les cheveux qui couvrent son visage ; quelle n'est pas sa surprise en s'apercevant que la vie ne s'est pas complètement retirée ! La courageuse chrétienne fait emporter secrètement le corps dans le palais même où était sa demeure, et là, à force de soins, saint Sébastien est bientôt rendu à la santé, à la grande joie des chrétiens, qui venaient vénérer ses glorieuses blessures.

Le généreux athlète, que l'on croyait mort, aurait pu sans peine se dérober à la rage des persécuteurs ; mais le noble officier avait assez longtemps combattu, il ne voulait pas laisser échapper la palme de la victoire. Dans l'ardeur de son zèle, il conçut le généreux dessein de se dévouer une dernière fois pour ses frères, et de reprocher à l'empereur la cruauté qu'il déployait si injustement à l'égard des chrétiens. Aussi, malgré les instances des fidèles, un jour que Dioclétien devait se rendre en grande pompe à une cérémonie, il alla se placer sur l'escalier même du palais et attendit, le passage de l'empereur.

Dioclétien, dans toute la pompe dont avaient coutume de s'entourer les Césars, descendait l'escalier de marbre du Palatin. S'arrêtant à chaque marche pour contempler la foule prosternée en quelque sorte à ses pieds, il savourait l'orgueilleuse ivresse de se sentir le maître de cette multitude.

Soudain, son front se voile d'une ombre menaçante, il s'arrête immobile, effrayé par une apparition inattendue ; il croit voir se dresser devant lui l'ombre vengeresse de saint Sébastien, il recule épouvanté. Il se remet cependant de son émotion, et, s'adressant à celui qu'il prend pour un fantôme : « N'êtes-vous point ce Sébastien que je condamnai, il y a peu de temps, à être percé de flèches, dit-il. »

« Oui, reprend le glorieux martyr, Notre Seigneur Jésus-Christ m'a rendu la vie, et je viens en son nom vous reprocher tous les maux dont vous accablez injustement les chrétiens. »

Transporté de fureur, Dioclétien, fait saisir le saint et sur l'heure il ordonne qu'on l'emmène à l'hippodrome du palais, où il est assommé à coups de bâton.

Ceci se passait le 20 janvier 286.

Comme l'on craignait que les chrétiens ne vinssent enlever les reliques du glorieux martyr, l'empereur ordonna de jeter le corps dans un cloaque. Mais Dieu se chargea de déjouer les projets du persécuteur. Le cloaque ne reçut les restes précieux du martyr que pour les mettre à l'abri des fureurs des païens et les rendre intacts à la vénération des chrétiens.

La nuit suivante, le Bienheureux apparut à une sainte femme nommée Lucine, et lui révéla l'endroit où était son corps. La fidèle chrétienne se leva sur le champ, et retirant le corps du lieu immonde où on l'avait caché, elle le fit transporter aux catacombes, près de la sépulture des pontifes. Cette précieuse relique donna son nom à la célèbre catacombe de Saint-Sébastien, sur la voie Appienne, à deux milles de Rome.

A l'entrée de cette catacombe, le Pape saint Damase fit construire une église qui a été restaurée au XVIIe siècle. Elle est une des sept grandes basiliques de Rome, et elle est toujours visitée avec une dévotion particulière. Dans la quatrième chapelle de gauche, on vénère sous l'autel l'antique tombeau de pierre qui renferme la plus grande partie du corps du saint martyr ; au bas de cet autel, se trouve un magnifique tombeau de marbre blanc sur lequel on admire la remarquable statue du saint étendu et percé de flèches.

On conserve dans cette basilique d'autres reliques insignes, parmi lesquelles on remarque une des flèches dont le saint fut percé et la colonne à laquelle il fut attaché lorsqu'il fut assommé.

En dehors de cette église dédiée au saint martyr, on peut visiter, près du palais des Césars, sur le mont Palatin, une belle chapelle nouvellement restaurée, élevée sur l'emplacement même où il fut percé de flèches.

Le double martyre de ce grand saint, joint à l'éclat de la position qu'il avait occupée dans la cour des empereurs, lui attirèrent dès le commencement la la reconnaissance et la vénération des fidèles. Ces sentiments, loin de s'affaiblir, ne firent que s'accroître dans la suite à la vue des nombreux miracles opérés à son tombeau, qui devint le centre d'un pèlerinage célèbre.

Les grâces de toute sorte obtenues, par son intercession, furent couronnées sous le pontificat de saint Agathon, par un prodige éclatant. En 680, une épidémie se déclara dans Rome et les environs, des familles entières étaient emportées par le terrible fléau, la ville était décimée. Au moment où le fléau sévissait avec le plus de fureur, il fut révélé au pontife que saint Sébastien serait en cette occasion le sauveur et le protecteur du peuple. En effet, le secours du saint martyr ayant été imploré, la peste cessa aussitôt. Par reconnaissance, et pour conserver le souvenir de ce secours miraculeux, autant que pour montrer la confiance que l'on devrait avoir en pareille circonstance en la protection perpétuelle de ce grand saint, partout, on lui éleva des églises, des oratoires et des autels ; sa fête fut même chômée par le peuple catholique dans plusieurs diocèses.

Depuis cette époque, saint Sébastien a été invoqué contre la peste ; bien des villes et des villages ont éprouvé son assistance, et il est devenu le protecteur puissant de tous les lieux affligés par toute espèce de maladie contagieuse ; le témoignage de toutes les traditions de l'univers catholique, ainsi que les prières récitées dans son office, nous prouvent les effets de sa puissante intercession.

Les souverains pontifes Adrien Ier, saint Léon III, saint Paschal Ier, par vénération pour cet illustre martyr, dans la pensée de mieux sauvegarder ses reliques et d'en rendre l'accès plus facile à la dévotion des fidèles, avaient résolu de les transporter dans l'intérieur de Rome : leur piété avait même voulu commencer à exécuter ce dessein, mais des manifestations célestes et des prodiges les détournèrent de cette entreprise. La vénération et la confiance des peuples envers saint Sébastien ne firent que s'accroître.

Quoique la plus grande partie de son corps soit demeurée dans le tombeau de la basilique, quelques uns de ses ossements furent cependant distribués à plusieurs villes. La plus importante translation qui en fut faite, eut lieu en faveur de l'Eglise de France, sous Louis-le-Débonnaire. La relique que possède l'église de Merfy provient de la succession du Cardinal Bartolini, préfet de la Congrégation des Rites, à Rome.

Une autre gloire de l'illustre martyr, c'est d'avoir été choisi avec saint Maurice et saint Georges pour servir de patron aux défenseurs de la sainte Eglise en particulier, et en général à tous les soldats chrétiens.

Quel plus beau modèle, en effet, peut être offert aux soldats chrétiens, que ce capitaine des gardes des empereurs païens, qui, tout en versant son sang au service des princes de la terre, savait demeurer fidèle au Roi des cieux, et garder son cœur pur de toute souillure au milieu des enivrements d'une cour païenne? Quelle réponse plus éloquente peut être faite à ceux qui pensent que la sainteté n'est pas possible à tous les états, et que la dévotion est incompatible avec l'état militaire?

Qui que nous soyons, venons donc tous au pied

des reliques de ce glorieux martyr, lui demander de nous rendre forts et courageux dans la foi, de nous délivrer de toute maladie corporelle contagieuse, mais surtout de toute maladie spirituelle, qui est le péché. Prions-le aussi en particulier pour tous ceux qui travaillent à la défense de la sainte Eglise, et pour les soldats chrétiens défenseurs de la patrie.

Loué soit à jamais Jésus-Christ !

CONFRÉRIE

EN L'HONNEUR DE

SAINT SÉBASTIEN

Dans l'Église de Merfy

Les habitants de la paroisse de Merfy se sont toujours signalés par leur dévotion envers saint Sébastien, à qui leur église est dédiée. C'est toujours avec une nouvelle confiance qu'ils invoquent sa puissante intercession : et c'est à juste titre, car toujours aussi, ils en ont ressenti la précieuse efficacité.

Pendant de longs siècles, l'église de Merfy n'avait qu'un bâton sculpté, surmonté d'une petite statuette de saint Sébastien, depuis 1714 elle possède une statue sculptée par un habitant du pays, François Culoteau. Cette statue, représentant le Saint attaché à un arbre et percé de flèches, est l'objet d'une vénération particulière ; chaque année, elle est confiée à la vénération d'une famille de la paroisse qui la recueille comme le gage d'une protection spéciale.

Depuis 1883, elle a le bonheur de posséder une châsse ou sont renfermées des reliques de saint Sébastien ; une relique de saint Roch, également invoqué contre la peste ; et un ossement de sainte Anne, seconde patronne de la paroisse, modèle et patronne des mères chrétiennes.

Une confrérie, qui compte toujours un grand nombre d'associés de toutes les paroisses voisines, est établie dans la même église. La dévotion des co-associés consiste principalement à s'entr'aider par des secours mutuels de prières pendant la vie et après la mort.

Indulgences. — Les Souverains Pontifes Alexandre VII, en 1663, et Pie VI, en 1776, ont accordé deux indulgences plénières, fixées au 20 janvier et au 1er novembre de chaque année, à tous les fidèles qui, s'étant approchés des sacrements, visiteront l'église de Merfy.

Notre Saint Père le Pape Léon XIII, en 1890, en concédant à l'église de Merfy, et au Clergé de la paroisse, la faveur de dire et de réciter la messe et l'office propres de la Basilique de saint Sébastien hors les murs de Rome, a renouvelé ces deux indulgences. Il a accordé de plus, que l'indulgence du 20 janvier puisse être gagnée ce jour là, ou l'un des jours de l'octave, au choix des fidè'es ; il a concédé, en outre, une indulgence de 100 jours, à tous ceux qui le jour de la fête ou pendant l'octave, visiteront l'église avec un cœur contrit, et y prieront quelques instants.

Son Em. Mgr le Cardinal Langénieux a bien voulu aussi attacher 100 jours d'indulgence à la récitation d'un *Pater* et d'un *Ave Maria* avec l'invocation : Saint Sébastien priez pour nous, devant la statue du Saint; et 100 jours à ceux qui prieront quelques instants devant la châsse.

Ces indulgences sont applicables aux âmes du Purgatoire.

FÊTES EN L'HONNEUR

DE

SAINT SÉBASTIEN

La fête de saint Sébastien se célèbre chaque année, dans l'église de Merfy, le 20 janvier, par une messe de communion vers 7 h. 1/2. Le dimanche suivant le 20, ou le 20 si ce jour est un dimanche, se célèbre solennellement la fête de saint Sébastien. Il y a exposition du T. S. Sacrement depuis la grand'messe de 10 heures jusqu'après les vêpres. Après le salut des vêpres, il y a procession pour l'exposition de la châsse et l'ouverture de la neuvaine, pendant laquelle les reliques du saint Martyr restent exposées à la vénération des fidèles.

Le mardi suivant ce dimanche, a lieu la fête solennelle de la confrérie ; ce jour là, on chante l'office solennel pour les confrères vivants ; il y a messe basse à 7 h. 1/2. — Grand'messe et sermon à 10 h. — Vêpres et sermon à 2 h. — Après le sermon des vêpres, procession avec la châsse et la statue vénérée du saint.

Le lendemain, mercredi, on célèbre un service pour tous les associés défunts. Mais, outre ce service général, un autre service particulier, dont sont prévenus les parents, est chanté à la mort de chacun des confrères, qui sont recommandés nommément au prône de la paroisse.

En dehors de la neuvaine qui se fait au mois de janvier, une seconde neuvaine a lieu au mois de juillet. La chasse est exposée de nouveau pour la fête de sainte Anne (26 juillet), seconde patronne de la paroisse. Pendant ces deux neuvaines, a lieu chaque jour le salut pour les confrères vivants, à la fin duquel on chante le *De profundis* pour les confrères défunts.

Les confrères ne sont tenus à aucune prière particulière envers saint Sébastien, mais ils doivent s'efforcer d'imiter leur saint patron dans leur fidélité à remplir leurs devoirs de chrétiens. Ils sont priés de s'unir entre eux par les liens de la charité et de la prière, d'assister autant que possible aux offices qui se font en l'honneur de saint Sébastien et aux services des confrères défunts. Enfin, de prier de temps en temps leur glorieux protecteur, pour eux, leurs confrères, la sainte Eglise et les soldats chrétiens.

Nota. — Pour avoir part aux avantages de la confrérie, on est prié de s'adresser à M. le Curé, ou au marguillier de la confrérie, à qui l'on donne ses nom et prénoms et le lieu de son domicile.

On peut se procurer à la sacristie, des images, des médailles et des livres de saint Sébastien.

Aimé soit partout le sacré cœur de Jésus !

100 jours d'indulgence.

PRIÈRES

A L'USAGE DES PÈLERINS

QUI VIENNENT VÉNÉRER

LES RELIQUES DE SAINT SÉBASTIEN

Dans l'Église de Merfy

Avertissement. — Un pèlerinage est une source de grâces et de bénédictions pour tous ceux qui s'y rendent avec foi et piété; c'est pourquoi, afin d'attirer les bienfaits de Dieu par l'intercession des saints, il faut, autant que possible, se mettre en état de grâce en s'approchant des sacrements, pour bien faire son pèlerinage.

Il faut ensuite prier : 1° avec une humilité profonde, convaincus de la nécessité que nous avons besoin du secours de Dieu et de ses saints; 2° avec une foi vive en la puissance de Dieu, que nous prions par l'intercession des saints; 3° avec une confiance sans bornes, persuadés que les saints s'intéressent à nous et qu'ils prient pour nous; 4° avec persévérance; si nous ne voyons pas nos prières exaucées selon nos désirs, continuons de prier, assurés que Dieu, qui sait mieux que nous ce qui nous convient, nous accorde des grâces dont nous ne nous apercevons peut-être pas, et remettons-nous à sa sainte volonté.

PRIÈRE

QU'ON PEUT FAIRE QUAND ON SE MET EN CHEMIN

Seigneur, qui avez fait passer les enfants d'Israël au travers de la mer Rouge, et qui avez montré aux trois Mages le chemin qu'ils devaient suivre, accordez-nous par votre miséricorde, un heureux voyage et un temps favorable, afin qu'accompagnés de votre saint Ange, nous puissions arriver heureusement au lieu où nous allons, et, enfin, parvenir au port du salut éternel.

Ainsi soit-il.

A la plus grande gloire de Dieu

PRIÈRE

Pour implorer l'assistance du Saint-Esprit

Venez, Esprit Saint, remplissez les cœurs de vos fidèles et allumez en eux le feu de votre divin amour.

V. Envoyez-nous votre Esprit, et nos cœurs seront créés de nouveau.

R. Et vous renouvellerez la face de la terre.

ORAISON.

O Dieu, qui avez daigné nous instruire en répandant dans les cœurs des fidèles les lumières du Saint-Esprit, donnez-nous, par ce même Esprit, la connaissance de l'amour, de la justice et de la sainteté, et faites qu'il nous remplisse toujours de ses divines consolations. Nous vous le demandons par Notre-Seigneur Jésus-Christ, votre Fils, qui vit et règne avec vous dans l'unité du même Esprit, dans tous les siècles des siècles.

Ainsi soit-il.

Pater, Ave, Credo.

Pour faire une neuvaine à Saint-Sébastien, on peut réciter les litanies, ou choisir parmi les antiennes et les prières en l'honneur du Saint Martyr, celles que l'on récitera chaque jour de la neuvaine.

Doux cœur de Jésus, soyez mon amour.

300 jours d'indulgence.

SAINT SÉBASTIEN

guérit Zoé, épouse de Nicostrate, magistrat romain

ANTIENNES ET PRIÈRES

A

SAINT SEBASTIEN

O Saint Sébastien, glorieux athlète de J.-C., qui pour la gloire de son saint nom, avez abandonné les honneurs militaires, et avez supporté un grand supplice, intercédez pour nous près du Seigneur.

O Saint Sébastien, illustre martyr de J.-C., qui par vos mérites avez délivré toute la Lombardie d'une peste mortelle, délivrez-nous de toute épidémie et du malin ennemi.

O Saint Sebastien, nous implorons votre secours salutaire, afin que par votre intercession nous puissions obtenir de Jésus le remède de toute maladie contagieuse.

Illustre Martyr, gloire de l'état militaire, athlète de la foi, priez le Fils de Dieu afin qu'il détourne de nous sa colère ; glorieux martyr, offrez de pieux suffrages afin que l'épidémie ne soit pas nui-

O Sebastiane, Christi athleta gloriose, qui pro Christi reliquisti terrenæ militiæ principatum et suscepisti magnum supplicium, intercede pro nobis ad Dominum.

O Sebastiane, Christi martyr egregie, cujus meritis tota Longobardia fuit liberata a mortifera peste, libera nos ab ipsa et maligno hoste.

O sancte Sebastiane, imploramus tuum clemens auxilium ut possimus obtinere per te pestis mortiferæ apud Jesum remedium.

Martyr egregie decus milititiæ, athleta fidei, ora Natum Dei, ut avertat a nobis indignationem suam. Martyr suffragia effunde pia, ut epidemia non sit noxia, in hac patria et in alia quæ subsidia poscit nunc tua. Audi talia tu præconia, fac prece tua detur venia.

sible dans notre contrée ni partout où l'on réclame votre secours. Ecoutez nos louauges, et que, par vos supplications, nous obtenions notre pardon.

Ave, Martyr gloriose, qui jam regnas in superis et cum sanctis copiose deliciis perfrueris, gementium memineris ut ad æterna gaudia scandamus, ubi prosperis augentur semper præmia.

Nous vous saluons, glorieux Martyr; du haut du ciel où vous régnez et du séjour des bienheureux où vous êtes enivré de délices, écoutez nos soupirs et obtenez-nous d'entrer dans ce séjour de joies éternelles, où les récompenses qu'on reçoit s'augmentent par un bonheur toujours nouveau.

V. Ora pro nobis, Sancte Sebastiane.

R. Ut digni efficiamur promissionibus Christi.

V. Saint Sébastien, priez pour nous.

R. Afin que nous nous rendions dignes des promesses de J.-Chr.

Oremus.

Omnipotens sempiterne Deus, qui meritis beati Sebastiani, Martyris tui gloriosissimi, quamdam generalem pestem epidemiæ hominibus mortiferæ revocasti, præsta supplicibus tuis, ut qui pro simili peste revocanda ad ipsum sub tua confidentia confugerint ipsius meritis et precibus ab ipsa peste epidemiæ et ab omni tribulatione liberentur : Per Christum.

Amen.

Oraison.

Dieu tout-puissant et éternel, qui avez arrêté les ravages d'une contagion générale, à la prière de votre glorieux martyr saint Sébastien, ne dédaignez pas les supplications de ceux qui, se confiant en votre miséricorde, recourent à son intercession dans un semblable danger, laissez-vous fléchir par ses mérites et nos prières, et préservez-nous de la contagion et de toute tribulation. Par notre Seigneur.

Ainsi soit-il.

PRIÈRES

Récitées à Rome au tombeau de Saint Sébastien

Antienne. — O! De quelle gloire éclatante brille l'illustre martyr Saint Sébastien, lui qui, sous l'habit militaire, était rempli de sollicitude pour la victoire de deux frères, et fortifiait leurs cœurs ébranlés par les paroles que le ciel plaçait sur ses lèvres!

v. Priez pour nous, Bienheureux Martyr Sébastien.

r. Afin que nous soyons trouvés dignes d'être préservés de la peste et de toute maladie.

Oraison

Seigneur, vous qui avez affermi si puissamment dans votre foi et votre amour votre glorieux martyr Saint Sébastien, de telle sorte que rien, ni les séductions du siècle, ni les menaces des tyrans, ni le glaive, ni les flèches des bourreaux, n'ont pu le détourner de votre service; par ses prières et par ses mérites, nous vous conjurons de nous accorder, à nous, pauvres pécheurs, un remède assuré contre la peste et contre toutes les autres maladies de l'âme et du corps. Faites aussi que nous puissions combattre courageusement contre toutes les embûches du démon, mépriser le monde et tout ce qu'il y a de mauvais en lui; que nous remportions la victoire sur l'esprit d'orgueil, sur la vaine gloire et tous les autres défauts; et que nous accomplissions toujours avec une intention droite tout ce qui vous plaît. Vous qui, étant Dieu, vivez et régnez, en Trinité parfaite, dans tous les siècles des siècles. Ainsi soit-il.

Oraison a Saint Sébastien

Pour obtenir la guérison de quelques infirmités.

Glorieux Martyr Saint Sébastien, qui, pour l'amour de Jésus-Christ, avez souffert avec un courage invincible tout ce que la rage des tyrans et des bourreaux a pu inventer de plus affreux, et qui, jusqu'au dernier soupir, avez fait paraître la grandeur de votre foi en confessant la divinité de Jésus-Christ, daignez vous intéresser pour nous, qui gémissons dans cette vallée de larmes, et employer en notre faveur le grand crédit que vous avez auprès de Dieu, afin que nous soyons délivrés des maux et des infirmités qui nous désolent, et que, remplis de joie et de consolation, nous employions toutes nos forces et notre santé à la plus grande gloire de Dieu. Nous vous en conjurons au nom de Notre Seigneur Jésus-Christ, qui vit et règne avec Dieu le Père dans l'unité du Saint-Esprit. Ainsi soit-il.

Prière

Pour les soldats chrétiens.

Glorieux Saint Sébastien, illustre soldat, qui, tout en versant votre sang au service des princes de la terre, avez su demeurer fidèle au Roi des Cieux, et garder au milieu des camps votre cœur pur de toute souillure, du haut du ciel, souvenez-vous de ceux qui, comme vous, sont appelés à combattre pour la patrie; obtenez-leur de rester fidèles à Dieu et à leurs devoirs de chrétiens; inspirez-leur les qualités qui font les bons soldats : le respect de l'autorité, l'esprit d'obéissance et de discipline, la volonté de braver les fatigues et de renverser les obstacles à force de patience et de persévérance; gardez-les contre les dangers de l'âme et du corps; rendez-les victorieux de leurs ennemis; et enfin, ramenez-les sains et saufs au milieu de leurs familles. Ainsi soit-il.

Saint Sébastien, l'honneur et le modèle des militaires, protégez les soldats de la patrie.

Son Em. le Cardinal Langénieux a accordé 100 jours d'indulgence à la récitation de cette prière.

LITANIES

Saint Sébastien, martyr

Kyrie eleison.	Seigneur, ayez pitié de nous.
Christe, eleison.	Jésus-Christ, ayez pitié de nous.
Kyrie eleison.	Seigneur, ayez pitié de nous.
Christe, audi nos.	Jésus-Christ écoutez-nous.
Christe, exaudi nos.	Jésus-Christ, exaucez-nous.
Pater de cœlis, Deus, miserere nobis.	Père céleste, qui êtes Dieu, ayez pitié de nous.
Fili, Redemptor mundi Deus, miserere nobis.	Fils, Rédempteur du monde, qui êtes Dieu, ayez pitié de nous.
Spiritus Sancte, Deus, miserere nobis.	Esprit-Saint, qui êtes Dieu, ayez pitié de nous.
Sancta Trinitas, unus Deus, misere nobis.	Trinité sainte, qui êtes un seul Dieu, ayez pitié de nous.
Sancte Sebastiane, ora pro nobis.	Saint Sébastien, priez pour nous.
Sancte Sebastiane, Martyr invictissime.	Saint Sébastien, martyr invincible.
Sancte Sebastiane, genere et fide nobilis.	Saint Sébastien, illustre par votre naissance, mais plus encore par votre foi.
Sancte Sebastiane, sœculi contemptor.	Saint Sébastien, contempteur du siècle.
Sancte Sebastiane, dæmonum triumphator.	Saint Sébastien, vainqueur des démons.
Sancte Sebastiane, militum speculum et exemplar.	Saint Sébastien, miroir et modèle des soldats.
Sancte Sebastiane, sapientiâ et virtutibus prædite.	Saint Sébastien, doué de sagesse et de vertus.
Ora pro nobis.	Priez pour nous.

Saint Sébastien, destructeur des idoles.		Sancte Sebastiane, idolorum destructor.	
Saint Sébastien, ardent défenseur de la foi chrétienne.		Sancte Sebastiane, Christianæ fidei zelator.	
Saint Sébastien, agréable à Dieu et aux hommes.	Priez pour nous.	Sancte Sebastiane Deo et hominibus gratiose.	Ora pro nobis.
Saint Sébastien, plein de sollicitude pour la victoire de deux frères.		Sancte Sebastiane, de palmâ duorum fratrûm sollicite.	
Saint Sébastien, puissant en œuvres et en paroles.		Sante Sebastiane, potens opere et sermone.	
Saint Sébastien, soutien de vos frères mourant pour J.-C.		Sancte Sebastiane, fratrum pro Christo agonizantium confortator.	
Saint Sébastien, encourageant les fidèles chancelants dans les supplices.		Sancte Sebastiane, fidelium in suppliciis nutantium animator	
Saint Sébastien, force des martyrs.	Priez pour nous.	Sancte Sebastiane, Martyrum corroborator.	Ora pro nobis.
Saint Sébastien convertissant les infidèles par vos paroles et vos miracles.		Sancte Sebastiane, infideles plurimos verbis et miraculis convertens.	
Saint Sébastien, brûlant d'amour pour J.-C.		Sancte Sebastiane, amore Christi mirabiliter ardens.	
Saint Sébastien, méprisant les honneurs et les faveurs de l'empereur.		Sancte Sebastiane, honores et favores Imperatoris despiciens.	
Saint Sébastien, consolateur des affligés.	Priez pour nous.	Sancte Sebastiane, consolator afflictorum.	Ora pro nobis.
Saint Sébastien, opérant des miracles.		Sancte Sebastiane, mirabilium operator.	
Saint Sébastien, amateur de la chasteté.		Sancte Sebastiane, castitatis amator.	
Saint Sébastien, honoré de		Sancte Sebastiane, Ange-	

lorum comitatu honorate.

Sancte Sebastiane, divinis eloquiis ab Angelo instructe.

Sancte Sebastiane, verbi Dei præco fervide.

Sancte Sebastiane, mutorum eloquium.

Sancte Sebastiane, languentium medice.

Ora pro nobis.

Sancte Sebastiane, pestis et epidemiæ expulsor.

Sancte Sebastiane, Ecclesiæ Sanctæ protector.

Sancte Sebastiane, Militiæ Christianæ lumen.

Sancte Sebastia :e, sagittis pro Christo transfixe.

Sancte Sebastiane, in tormentis patientissime.

Ora pro nobis.

Sancte Sebastiane, fustibus ac verberibus mactate.

Sancte Sebastiane, in cælis à Deo coronate.

Sancte Sebastiane, toto orbe nominate.

Sancte Sebastiane, catholicorum exercituum propugnator.

Ora pro nobis

Sancte Sebastiane, castrorum Ecclesiæ inimicorum dissipator.

Sancte Sebastiane Galliæ

la compagnie des anges.

Saint Sébastien instruit par les anges des oracles divins.

Saint Sébastien, prédicateur de la parole de Dieu.

Saint Sébastien, qui rendez la parole aux muets.

Saint Sébastien, qui guérissez les malades.

Priez pour nous.

Saint Sébastien, qui chassez la peste et les épidémies

Saint Sébastien, protecteur de la sainte Eglise.

Saint Sébastien, lumière des armées chrétiennes.

Saint Sébastien, percé de flèches pour Jésus-Christ.

Saint Sébastien, patient dans les tourments.

Priez pour nous.

Saint Sébastien, mourant sous les coups de fouets et de bâtons.

Saint Sébastien, couronné par Dieu dans ciel.

Saint Sébastien, invoqué dans tout l'univers.

Saint Sébastien, protecteur des armées catholiques.

Saint Sébastien, mettant en fuite les ennemis de l'Eglise.

Priez pour nous.

Saint Sébastien, défenseur

de la France.
Saint Sébastien, gardien de tout le peuple chrétien.
Saint Sébastien, digne soldat de Jésus-Christ.
Saint Sébastien, patron de nos contrées. — (Trois fois).
Priez pour nous.

Agneau de Dieu, qui effacez les péchés du monde, pardonnez-nous, Seigneur.

Agneau de Dieu, qui effacez les péchés du monde, exaucez-nous, Seigneur.

Agneau de Dieu, qui effacez les péchés du monde, ayez pitié de nous, Seigneur.

Jésus-Christ, écoutez-nous.

Jésus-Christ, exaucez-nous.

defensor.
Sancte Sebastiane, totius populi Christiani custos
Sancte Sebastiane digne Christi miles.
Sancte Sebastiane, Patrone nostrorum locorum. (ter.)
Ora pro nobis.

Agnus Dei, qui tollis peccata mundi, parce nobis Domine.

Agnus Dei, qui tollis peccata mundi exaudi nos Domine.

Agnus Dei, qui tollis peccata mundi, miserere nobis.

Christe, audi nos.

Christe exaudi nos.

Notre Père, qui êtes aux Cieux, etc.

v. Seigneur Dieu, que votre miséricorde s'étende sur nous,

r. Selon l'espérance que nous avons en vous.

v. Soyez pour nous, Seigneur, comme une tour de défense,

r. Contre les attaques de l'ennemi.

v. Que par votre puissance la paix règne sur la terre ;

r. Et qu'une heureuse abondance en soit le fruit.

v. Seigneur, exaucez ma prière ;

r. Et que mes cris aillent jusqu'à vous,

v. Saint Sébastien, intercédez pour nous ;
R. Et priez le Seigneur qu'il nous fasse miséricorde.

Oraison

Seigneur Dieu, qui êtes toujours prêt à faire miséricorde et à pardonner, recevez, s'il vous plaît, notre prière, et daignez, par l'intercession de votre serviteur saint Sébastien, délivrer nos âmes des liens du péché, et guérir nos corps des maux qui en sont la peine. Nous vous en conjurons, Seigneur, qui vivez et régnez dans tous les siècles des siècles. Ainsi soit-il.

Evangile et Oraison

Que le Prêtre récite en mettant l'étole sur la tête des pèlerins.

v. Dominus vobiscum :
R. Et cum spiritu tuo.
Sequentia sancti Evangelii secundum Marcum.
Gloria tibi Domine.
In illo tempore, dixit Jesus discipulis suis : Euntes in mundum universum. prædicate Evangelium omni creaturæ. Qui crediderit et baptizatus fuerit, salvus erit, qui vero non crediderit condemnabitur. Signa autem eos qui crediderint, hæc sequentur : In nomine meo dæmonia ejicient, linguis loquentur novis, serpentes

v. Le Seigneur soit avec vous.
R. Et avec votre esprit.
Suite du saint Evangile selon saint Marc.
Gloire soit à vous, Seigneur.
En ce temps-là, Jésus dit à ses disciples : Allez dans tout l'univers, prêchez l'Evangile à toute créature. Celui qui croira et sera baptisé sera sauvé, mais celui qui ne croira pas sera condamné. Voici les miracles que feront ceux qui croiront : ils chasseront les démons en mon nom ; ils parleront de nouvelles langues ; ils manieront les serpents ; et s'ils boivent quelque

poison mortel, il ne leur fera point de mal ; ils imposeront les mains sur les malades, et les malades seront guéris. Rendons grâces à Dieu.

Priez pour nous, Bienheureux Sébastien. Afin que nous nous rendions dignes des promesses de Jésus-Christ.

Oraison.

Faites, s'il vous plait, Dieu Tout-Puissant, que par l'intercession du bienheureux saint Sébastien, votre martyr, nos corps soient délivrés de toutes sortes d'adversités, et nos âmes purifiées de toutes mauvaises pensées. Nous vous en prions par Notre - Seigneur Jésus-Christ. Ainsi soit-il.

tollent; et si mortiferum quid biberint, non eis nocebit; super ægros manus imponent et bene habebunt. Deo gratias.

Ora pro nobis, beate Sebastiane. Ut digni efficiamur promissionnibus Christi.

Oremus.

Præsta, quæsumus, Omnipotens Deus, ut intercedente beato Sebastiano, martyre tuo, et a cunctis adversitatibus liberemur in corpore, et a pravis cogitationibus mundemur in mente. Per Christum Dominum nostrum. Amen.

Doux cœur de Marie, soyez mon salut !
(300 jours d'indulg.)

OFFICE PROPRE

DE LA FÊTE DE

SAINT SÉBASTIEN

MARTYR

AUX PREMIÈRES VÊPRES

Tout comme aux secondes Vêpres, excepté ce qui suit :

DERNIER PSAUME

PSAUME 116

Laudate Dominum, omnes gentes : * laudate eum, omnes populi ;

Quoniam confirmata est super nos misericordia ejus,* et veritas Domini manet in æternum.

Nations, louez toutes le Seigneur : peuples, célébrez tous sa gloire ;

Parce qu'il a signalé envers nous la grandeur de sa miséricorde, et que sa vérité demeure éternellement.

VERSET DE L'HYMNE

v. Gloria et honore coronasti eum, Domine. R. Et constituisti eum super opera manum tuarum.

v. Seigneur, vous l'avez couronné d'honneur et de gloire. R. Et vous lui avez donné l'empire sur les œuvres de vos mains.

A Magnificat.

ANT. Elegit Dominus virum sanctum suum, et claritatem visionis æternæ dedit illi:celebremus solemnitatem beati Sebastiani Martyris gaudium sit in cœlo et in terra.

ANT. Le Seigneur a choisi son saint serviteur, il a fait briller à ses yeux la gloire de la vision éternelle : Célébrons donc la fête du bienheureux Martyr saint Sébastien ; et que la joie éclate au ciel et sur la terre.

A LA MESSE

Introït

Le Seigneur a rendu ma parole semblable à un glaive perçant ; il m'a mis à couvert à l'ombre de sa main ; il m'a tenu en réserve comme une flèche choisie ; il m'a tenu caché dans son carquois et il m'a dit : Israël, vous êtes mon serviteur, et je me glorifierai en vous.

Posuit Dominus os meum quasi gladium acutum : in umbra manus sinæ protexit me sicut sagittam electam ; in pharetra sua abscondit me, et dixit mihi : servus meus es tu Israel, quia in te gloriabor.

Ps. Seigneur, pénétrez ma chair de votre crainte ; car vos jugements me remplissent de terreur.

Ps. 118. Confige timore tuo, Domine, carnes meas : a judiciis enim tuis timui.

v. Gloire au Père. — Le Seigneur, etc.

v. Gloria Patri. — Posuit Dominus, etc.

Seigneur, ayez pitié de nous.
Jésus-Christ, ayez pitié.
Seigneur, ayez pitié de nous.

Kyrie, eleison.
Christe, eleison.
Kyrie, eleison.

Gloire à Dieu dans le ciel, et paix sur la terre aux hommes de bonne volonté. Nous vous louons. Nous vous bénissons. Nous vous adorons. Nous vous glorifions. Nous vous rendons grâces à cause de votre gloire infinie : Seigneur notre Dieu, Roi du ciel, Dieu le Père tout-puissant. Seigneur Jésus-Christ, Fils unique : Seigneur Dieu, Agneau de Dieu, Fils du Père, vous qui effacez les péchés du monde, ayez pitié de nous.

Gloria in excelsis Deo : et in terra pax hominibus bonæ voluntatis. Laudamus te. Benedicimus te. Adoramus te. Glorificamus te. Gratias agimus tibi propter magnam gloriam tuam : Domine Deus, Rex cœlestis, Deus Pater omnipotens. Domine Fili unigenite, Jesu Christe : Domine Deus, Agnus Dei, Filius Patris: Qui tollis peccata mundi, miserere nobis. Qui tollis peccata mundi, suscipe deprecationem nostram. Qui sedes ad dexteram Patris, miserere nobis. Quoniam tu solus Sanctus ; Tu solus Dominus; Tu solus Altissimus, Jesu Christe ; Cum sancto Spiritu, in gloria Dei Patris. Amen.

Dominus vobiscum. R. Et cum spiritu tuo.

Vous qui effacez les péchés du monde, recevez notre prière. Vous qui êtes assis à la droite du Père, ayez pitié de nous. Car vous êtes le seul Saint, le seul Seigneur, le seul Très-Haut, ô Jésus-Christ, avec le Saint-Esprit, dans la gloire de Dieu le Père. Ainsi soit-il.

Le Seigneur soit avec vous. R. Et avec votre esprit.

Oraison

Da nobis, quæsumus, Domine, omnia tela nequissimi ignea extinguere, qui inclyto martyri. Ecclesiæ defensori, et pestilitatis propulsori Sebastiano tribuisti, sagittarum suarum tormenta superare. Per Dominum nostrum Jesum Christum.

Seigneur, vous qui avez accordé à saint Sébastien, cet illustre martyr, le défenseur de votre Eglise, le préservateur de la peste, la force de surmonter les tortures et les flèches, donnez-nous, dans votre miséricorde, la grâce d'éteindre en nous les traits enflammés de la malice du démon. Par N. S. J.-C.

Epitre *(2e de saint Paul à Timothée)*

Carissime, memor esto Dominum Jesum Christum resurrexisse a mortuis ex semine David, secundum Evangelium meum, in quo laboro usque ad vincula, quasi male operans ; sed verbum Dei non est alligatum. Ideo sustineo omnia propter electos, ut et ipsi salutem

Mon très cher frère, souvenez-vous que Notre-Seigneur Jésus-Christ, issu de la race de David, est ressuscité des morts, selon l'Evangile que je vous ai prêché, et pour lequel je souffre jusqu'à être chargé de chaines, comme un malfaiteur ; mais la parole de Dieu n'est pas enchainée. C'est pourquoi j'endure tout pour les élus, afin qu'ils obtiennent eux-mêmes le salut et la gloire céleste que Jésus-Christ nous a mérités. Quant à vous, vous connaissez ma doctrine, ma conduite, mes desseins, ma foi, ma tolérance, ma charité, ma patience, mes persécutions et mes souffrances, telles que j'en ai éprouvé à Antioche, à Iconne et à Lystres, et dont le Seigneur m'a délivré. Tous ceux qui veulent vivre saintement en Jésus-Christ souffriront persécution.

consequantur quæ est in Christo Jesu, cum gloria cœlesti. Tu autem assecutus es meam doctrinam, institutionem, propositum, fidem, longanimitatem, dilectionem, patientiam, persecutiones, passionnes, qualia mihi facta sunt Antiochiæ, Iconii et Lystris, quales persecutiones sustinui et ex omnibus eripuit me Dominus. Et omnes qui pie volunt vivere in Christo Jesu persecutionem patientur.

GRADUEL

La multitude des malades accourait vers le bienheureux Sébastien, et il les guérissait tous ; ce généreux soldat de J.-C. ne cachait sous son vêtement militaire, d'autre désir que de conquérir à son Dieu les âmes que le démon cherchait à lui ravir.

Multitudo languentium veniebat ad beatum Sebastianum, et sanabantur omnes, qui ad hoc tantum sub chlamyde Christi militem agebat absconditum, ut Deo redderet animas, quas Diabolus conabatur auferre.

v. Vaillant athlète, ceignez votre épée : lancez vos flèches aiguës, les peuples tomberont sous vos coups.

v. Accingere gladio tuo super femur tuum, potentissime : sagittæ tuæ acutæ, populi sub te cadent.

Alleluia, alleluia. v. Il y a en ce lieu une promesse véritable ; la rémission des péchés, la gloire céleste, la lumière éternelle et

Alleluia, alleluia. v. In isto loco promissio vera est, et peccatorum remissio, splendor et lux æterna, et sine fine lætitia, quam meruit Christi martyr Sebastianus. Alleluia.

la joie sans fin qu'a méritée saint Sébastien, l'illustre martyr de J.-C. Alleluia.

Après la Septuagésime, on omet l'*Alleluia* et le verset, et l'on dit le Trait suivant :

Sebastianus vir christianissimus, princeps, ac propagator sanctissimorum præceptorum, in sermone verax, in judicio justus, in consilio providus, in bonitate conspicuus, in commisso fidelis, in interventu strenuus, in universa morum honestate præclarus, Christo quotidie sedulum exhibebat officium, ut christianorum animas, quas in tormentis videbat deficere, confortaret.

v. Intenderunt arcum, ut sagittent immaculatum : sagittæ parvulorum factæ sunt plagæ eorum.

Sébastien très fervent chrétien, vaillant capitaine, propagateur des préceptes sacrés, sincère dans la parole, équitable dans les jugements, prudent dans les conseils, admirable de bonté, fidèle à garder les secrets, prompt à porter secours, remarquable par l'entière pureté de ses mœurs, se montrait chaque jour un serviteur zélé de Jésus-Christ, pour réconforter les âmes des chrétiens qu'il voyait chanceler au milieu des tourments.

v. Ils ont tendu leur arc pour percer l'innocent de leurs flèches ; mais les plaies qu'ils ont faites, sont comme celles des flèches de petits enfants.

Pendant le temps pascal, on omet le *Graduel* et à sa place on dit :

Alleluia. Alleluia. Sagittæ tuæ infixæ sunt mihi, et confirmasti super me manum tuam. Alleluia.

Alleluia, alleluia. v. J'ai été percé de vos flèches, et votre main s'est appesantie sur moi. Alleluia.

ṿ. Les pécheurs ont tendu leur arc ; ils ont préparé leurs flèches dans leur carquois, pour en frapper dans l'obscurité ceux qui ont le cœur droit. Alleluia.

ṿ. Peccatores intenderunt arcum ; paraverunt sagittas suas in pharetra, ut sagittent in obscuro rectos corde. Alleluia.

EVANGILE *(Saint Matthieu*, x.*)*

En ce temps-là, Jésus dit à ses disciples : Il n'y a rien de caché qui ne doive être révélé, et rien de secret qui ne doive être connu. Ce que je vous dis dans les ténèbres, dites-le à la lumière, et ce qui vous est dit à l'oreille, prêchez-le sur les toits. Ne craignez point ceux qui tuent le corps et ne peuvent tuer l'âme ; mais craignez celui qui peut précipiter le corps et l'âme dans l'enfer. Deux passereaux ne se vendent-ils pas une obole ? et pas un d'eux ne tombe sur la terre, sans la volonté de votre Père. Les cheveux mêmes de votre tête sont tous comptés. Ne craignez donc point, vous valez mieux qu'un grand nombre de passereaux. Celui donc qui m'aura reconnu devant les hommes, je le reconnaitrai aussi moi-même devant mon Père, qui est dans les Cieux.

In illo tempore, Jesus dixit discipulis suis : Nihil est opertum quod non revelabitur, et occultum quod non scietur. Quod dico vobis in tenebris dicite in lumine ; et quod in aure auditis, prædicate super tecta. Et nolite timere eos qui occidunt corpus, animam autem non possunt occidere ; sed potius timete eum qui potest et animam et corpus perdere in gehennam. Nonne duo passeres asse veneunt, et unus ex illis non cadet super terram sine Patre vestro ? Vestri autem capilli capitis omnes numerati sunt ; nolite ergo timere, multis passeribus meliores estis vos. Omnis ergo qui confitebur me coram hominibus ; confitebor et ego eum coram Patre meo, qui in Cœlis est.

CREDO

Je crois en un seul Dieu, le

Credo in unum Deum,

Patrem omnipotentem, factorem cœli et terræ, visibilium omnium. et invisibilium.

Et in unum Dominum Jesum Christum, Filium Dei unigenitum : Et ex Patre natum ante omnia sæcula : Deum de Deo lumen de lumine, Deum verum de Deo vero. Genitum non factum, consubtantialem Patri, per quem omnia facta sunt. Qui propter nos homines, et propter nostram salutem descendit de cœlis ; et incarnatus est de Spiritu sancto ex Maria Virgine : ET HOMO FACTUS EST ; crucifixus etiam pro nobis : sub Pontio Pilato passus, et sepultus est ; et resurrexit tertia die secundum Scripturas ; et ascendit in cœlum, sedet ad dexteram Patris ; et iterum venturus est cum gloria judicare vivos et mortuos ; cujus regni non erit finis : Et in Spiritum sanctum Dominum et vivificantem ; qui ex Patre Filioque procedit ; qui cum Patre et Filio simul adoratur, et conglorificatur ; qui locutus est per Prophetas : Et unam sanctam catholicam et apostolicam Eccle-

Père tout puissant, créateur du ciel et de la terre, des choses visibles et invisibles : et en un seul Seigneur Jésus-Christ, Fils unique de Dieu, né du Père avant tous les siècles : Dieu de Dieu. lumière de lumière. vrai Dieu du vrai Dieu, qui n'a pas été fait, mais engendré, consubstantiel au Père, par qui tout a été fait ; qui est descendu des cieux pour nous autres hommes et pour notre salut ; qui s'est incarné en prenant un corps dans le sein de la Vierge Marie, par l'opération du Saint-Esprit ET S'EST FAIT HOMME ; qui a été crucifié aussi pour nous sous Ponce Pilate, qui a souffert, et a été enseveli ; qui est ressuscité le troisième jour, selon les Écritures, est monté au ciel, où il est assis à la droite du Père, qui viendra de nouveau plein de gloire juger les vivants et les morts, et dont le règne n'aura point de fin. Je crois au Saint-Esprit, qui est aussi Seigneur, et qui donne la vie, qui procède du Père et du Fils, qui est adoré et glorifié conjointement avec le Père et le Fils, qui a parlé par les Prophètes. Je crois l'Église qui est Une, Sainte, Catholique et Apostolique. Je confesse un Baptême pour la rémission des péchés, et j'attends la résurrection des morts et la vie du siècle à venir.

Ainsi soit-il.

siam. Confiteor unum baptisma in remissionem peccatorum : et exspecto resurrectionem mortuorum, et vitam venturi seculi. Amen.

Offertoire

Il a enseigné les multitudes, Il a réparé les forces épuisées ; Ses paroles ont affermi ceux qui étaient chancelants et Il a relevé ceux qui étaient près de tomber.

Docuit multos, manus lassas roboravit : vacillantes confirmaverunt sermones ejus, et genua trementia confortavit.

Secrète

Recevez favorablement, Dieu de Miséricorde, les dons que nous vous offrons en l'honneur de votre Martyr Saint Sébastien afin que, apaisé par ses mérites et ses prières, vous détourniez de nos têtes les fléaux de votre colère. Par N. S. J.-C.

Suscipe, clementissime Deus, munera in honorem sancti Sebastiani martyris tui dignanter oblata, et ejus suffragantibus meritis iracundiæ tuæ flagella a nobis placatus averte. Per Dominum nostrum.

Préface

Il est véritablement juste et raisonnable, il est équitable et salutaire de vous rendre grâces en tout temps et en tout lieu, Seigneur très saint, Père tout puissant, Dieu éternel, qui nous faites goûter une sainte joie en célébrant souvent les solennités de vos Saints, afin de nous ex-

Vere dignum et justum est æquum et salutare, nos tibi semper et ubique gratias agere, Domine sancte, Pater omnipotens, æterne Deus : qui nos Sanctorum tuorum solemnitatibus frequenter recreas, ut devotione continua excites ad profectum, et fragilitatem nostram piis intercessoribus benignus attollas. Et ideo cum Angelis et Archangelis, cum Thronis et Dominationibus, cumque omni militia cœlestis exercitus, hymnum gloriæ tuæ canimus, sine fine dicentes :

Sanctus, Sanctus, Santus Dominus Deus Sabaoth. Pleni sunt cœli et terra gloria tua : Hosanna in excelsis. Benedictus qui venit in nomine Domini : Hosanna in excelsis.

citer continuellement à avancer dans la carrière du salut, de soutenir notre fragilité, et de nous élever jusqu'à Vous par ces pieux intercesseurs. C'est pourquoi nons nous unissons aux Anges et aux Archanges, aux Trônes, aux Dominations, et à toute l'armée céleste, pour chanter un cantique à votre gloire, en disant sans cesse :

Saint, Saint, Saint est le Seigneur Dieu des armées. Les cieux et la terre sont remplis de votre gloire : Hosanna au plus haut des cieux. Béni soit celui qui vient au nom du Seigneur : Hosanna au plus haut des cieux.

A la Consécration

Soyez quelque temps dans le silence, comme saisi d'admiration à la vue de ce qui se passe sur l'autel.

Verbe incarné, divin Jésus, vrai Dieu et vrai homme. Je crois que vous êtes ici présent ; je vous adore avec humilité ; je vous aime de tout mon cœur, et comme vous y venez pour l'amour de moi, je me consacre entièrement à vous.

J'adore ce sang précieux que vous avez répandu pour tous les hommes, et j'espère, ô mon Dieu, que vous ne l'aurez pas versé inutilement pour moi. Faites-moi la grâce de m'en appliquer les mérites. Je vous offre le mien, aimable Jésus, en reconnaissance de cette charité infinie que vous avez eue de donner le vôtre pour l'amour de moi.

Après la Consécration

O Victime salutaire, qui nous ouvrez le ciel, l'ennemi nous livre de rudes combats ; fortifiez-nous contre ses attaques, prêtez-nous votre secours.

Gloire éternelle au Dieu unique en trois personnes ; qu'il daigne nous donner la vie éternelle dans la céleste patrie.

Ainsi soit-il.

O salutaris Hostia,
Quæ cœli pandis ostium,
Bella premunt hostilia :
Da robur, fer auxilium.

Uni trinoque Domino
Sit sempiterna gloria ;
Qui vitam sine termino
Nobis donet in patria.
Amen.

A l'Agnus Dei

Agneau de Dieu, qui effacez les péchés du monde, ayez pitié de nous.

Agneau de Dieu, qui effacez les péchés du monde, ayez pitié de nous.

Agneau de Dieu, qui effacez les péchés du monde, donnez-nous la paix.

Agnus Dei, qui tollis peccata mundi, miserere nobis.

Agnus Dei, qui tollis peccata mundi, miserere nobis.

Agnus Dei, qui tollis peccata mundi, dona nobis pacem.

A la Communion

On se frappe trois fois la poitrine, en disant :

Seigneur, je ne suis pas digne que vous entriez dans ma maison ; mais dites seulement une parole, et mon âme sera guérie.

Domine, non sum dignus ut intres sub tectum meum ; sed tantum dic verbo, et sanabitur anima mea.

COMMUNION

Le Seigneur a tendu son arc, et m'a placé comme un but à ses

Tetendit Dominus arcum suum, et posuit me quasi signum ad sagittam : misit in renibus meis filias pharetræ suæ.

flèches ; il a lancé dans mes côtés toutes les flèches de son carquois.

Postcommunion

Tribuant nobis, quæsumus Domine, continuum tua sancta præsidium, quo beati Sebastiani martyris tui precibus nos a mortifera peste corporis, et animæ, et ab omnibus adversis semper tueamur. Per Dominum.

Seigneur, nous vous en conjurons, que vos sacrements soient pour nous un continuel secours, et que la prière du bienheureux Sébastien votre martyr nous préserve de la peste mortelle du corps et de l'âme, ainsi que de toute adversité. Par J.-C. N. S.

Dernier Évangile

Dominus vobiscum. ℟. Et cum spiritu tuo.

Initium sancti Evangelii secundum Joannem.

℟. Gloria tibi, Domine.

In principio erat Verbum, et Verbum erat apud Deum, et Deus erat Verbum ; hoc erat in principio apud Deum. Omnia per ipsum facta sunt, et sine ipso factum est nihil quod factum est : in ipso vita erat, et vita erat lux hominum, et lux in tenebris lucet; et tenebræ eam non comprehenderunt. Fuit homo missus a Deo cui nomen erat Joannes ; hic venit in testimonium, ut perhiberet de

Le Seigneur soit avec vous. ℟. Et avec votre esprit.

Commencement du saint Evangile selon saint Jean.

℟. Gloire à vous, Seigneur.

Au commencement était le Verbe, et le Verbe était en Dieu et le Verbe était Dieu. Il était dès le commencement en Dieu. Toutes choses ont été faites par lui, et rien de ce qui a été fait n'a été fait sans lui. En lui était la vie, et la vie était la lumière des hommes, et la lumière luit dans les ténèbres, et les ténèbres ne l'ont pas comprise. Il y eut un homme envoyé de Dieu, qui s'appelait Jean ; il vint pour servir de témoin, pour rendre témoignage à la lumière, afin que tous crussent par lui. Il n'était pas la lumière, mais il était venu pour rendre témoignage à celui qui est la lumière. Le Verbe est cette vraie lumière qui éclaire tout homme venant en ce monde Il était dans le monde, et le monde a été fait par lui, et le monde ne l'a point connu. Il est venu dans son propre héritage, et les siens ne l'ont pas reçu. Mais il a donné le pouvoir de devenir enfants de Dieu à tous ceux qui l'ont reçu, à ceux qui croient en son nom, qui ne sont pas nés du sang, ni de la volonté de la chair, ni de la volonté de l'homme, mais de Dieu même. ET LE VERBE S'EST FAIT CHAIR ; et il a habité parmi nous plein de grâce et de vérité (et nous avons vu sa gloire, qui est la gloire du Fils unique du Père).

R. Rendons grâces à Dieu.

lumine, ut omnes crederent per illum : non erat ille lux, sed ut testimonium perhiberet de lumine ; erat lux vera quæ illuminat omnem hominem venientem in hunc mundum ; in mundo erat, et mundus per ipsum factus est; et mundus eum non cognovit In propria venit, et sui eum non receperunt ; quotquot autem receperunt eum, dedit eis potestatem filios Dei fieri his qui credunt in nomine ejus ; qui non ex sanguinibus, neque ex voluntate carnis, neque ex voluntate viri, sed ex Deo nati sunt. ET VERBUM CARO FACTUM EST, et habitavit in nobis : et vidimus gloriam ejus, gloriam quasi Unigeniti a Patre, plenum gratiæ et veritatis.

R. Deo gratias.

PRIÈRE APRÈS LA SAINTE MESSE

Je vous remercie, ô mon Dieu, des grâces que vous m'avez accordées pendant la sainte Messe que je viens d'entendre. Pardonnez-moi les fautes d'attention et les négligences dont j'ai pu m'y rendre coupable. Que les distractions du monde au milieu duquel je vais rentrer ne me fassent pas perdre le fruit de ce divin sacrifice, ni oublier les saintes pensées que vous m'avez inspirées, et les pieuses résolutions que vous m'avez fait prendre. Ainsi soit-il.

Doux cœur de mon Jésus, faites que je vous aime de plus en plus.
(300 J. d'indulgence).

AUX IIᵐᵉˢ VÊPRES

(1) Sebastianus Dei cultor studiose curabat sub absconsa chlamide sanctorum animas confortare, spem promittens, et gloriam consequi sempiternam.

1er Ant. — Sous son manteau militaire, Sébastien, fervent disciple de Dieu, se consacrait secrètement à fortifier les âmes des chrétiens, à ranimer leur espérance, et à leur faire conquérir la gloire éternelle.

PSAUME 109

Dixit Dominus Domino meo* : Sede a dextris meis.

Le Seigneur a dit à mon Seigneur : Asseyez-vous à ma droite,

Donec ponam inimicos tuos* scabellum pedum tuorum.

Jusqu'à ce que je réduise vos ennemis à vous servir de marchepied.

Virgam virtutis tuæ emittet Dominus ex Sion* : Domi-

Le Seigneur fera sortir de Sion le sceptre de votre puissance : dominez au milieu de vos ennemis.

nare in medio inimicorum tuorum.

La souveraineté sera avec vous au jour de votre force, dans la splendeur des Saints : je vous ai engendré de mon sein avant l'aurore.

Tecum principium in die virtutis tuæ in splendoribus Sanctorum : ex utero ante luciferum genui te.

Le Seigneur l'a juré, et il ne rétractera pas son serment : Vous êtes le Père éternel selon l'ordre de Melchisédech.

Juravit Dominus, et non pœnitebit eum : * Tu es Sacerdos in æternum secundum ordinem Melchisedech.

Le Seigneur est à votre droite, il brisera les rois au jour de sa colère.

Dominus a dextris tuis, * confregit in die iræ suæ reges.

Il jugera les nations, il consommera la ruine de vos ennemis ; il écrasera sur la terre la tête d'un grand nombre.

Judicabit in nationibus, implebit ruinas ; * conquassabit capita in terra multorum.

Le Christ, néanmoins, boira dans sa course de l'eau du torrent, et c'est par là qu'il s'élèvera dans la gloire.

De torrente in via bibet ; * propterea exaltabit caput.

2e Ant. — Si je suis le vrai serviteur du Christ, et si tout ce que cette femme a entendu de ma bouche est vrai, si sa foi est véritable ; que Dieu délie sa langue comme il a ouvert la bouche de Zacharie prophète du Seigneur.

2e Ant. — Si ego verus Christi servus sum, et si vera sunt omnia quæ hæc mulier ex ore meo audivit, et credidit, aperiat os ejus, qui aperuit os Zachariæ Prophetæ Domini.

PSAUME 110

Je vous louerai, Seigneur, de tout mon cœur, dans la société des justes et dans leurs assemblées.

Confitebor tibi, Domine, in toto corde meo, * in concilio justorum et congregatione.

Magna opera Domini, * exquisita in omnes voluntates ejus.

Confessio et magnificentia opus ejus, * et justitia ejus manet in sæculum sæculi.

Memoriam fecit mirabilium suorum misericors et miserator Dominus : * escam dedit timentibus se.

Memor erit in sæculum testamenti sui : * virtutem operum suorum annuntiabit populo suo ;

Ut det illis hæreditatem gentium : * opera manuum ejus veritas et judicium.

Fidelia omnia mandata ejus, confirmata in sæculum sæculi, * facta in veritate et æquitate.

Redemptionem misit populo suo ; * mandavit in æternum testamentum suum.

Sanctum et terribile nomen ejus : * initium sapientiæ timor Domini.

Intellectus bonus omnibus facientibus eum : * laudatio ejus manet in sæculum sæculi.

3 Ant. — Ad hanc vocem Christi martyris Sebastiani, illico apertum est os uxoris Nicostrati.

Les œuvres du Seigneur sont grandes, et parfaitement conformes à tous ses desseins.

La magnificence et la gloire éclatent dans ses ouvrages, et sa justice demeure éternellement.

Le Seigneur, plein de bonté et de miséricorde, a perpétué la mémoire de ses merveilles : il a donné la nourriture à ceux qui le craignent.

Il se souviendra toujours de son alliance : il manifestera à son peuple la puissance de ses œuvres ;

Il lui donnera l'héritage des nations ; la vérité et la justice sont l'ouvrage de ses mains.

Tous ses décrets sont stables, affermis à jamais, fondés sur la justice et sur la vérité.

Il a envoyé un Rédempteur à son peuple, il a fait avec lui une alliance éternelle.

Son nom est saint et terrible : la crainte du Seigneur est le commencement de la sagesse.

Ceux qui se règlent sur cette crainte ont la véritable intelligence ; la louange du Seigneur subsiste dans tous les siècles.

3 Ant. — A cette parole de Sébastien, martyr du Christ, la bouche de l'épouse de Nicostrate s'ouvrit sur le champ.

PSAUME III

Heureux l'homme qui craint le Seigneur, et qui se complait dans l'observance de sa loi.

Beatus vir qui timet Dominum, * in mandatis ejus volet nimis.

Sa prospérité sera puissante sur la terre ; la race des justes sera bénie.

Potens in terra erit semen ejus ; * generatio rectorum benedicetur.

La gloire et les richesses sont dans sa maison ; sa justice demeure éternellement.

Gloria et divitiæ in domo ejus ; * et justitia ejus manet in sæculum sæculi.

Une lumière s'est levée dans les ténèbres pour ceux qui ont le cœur droit ; le Seigneur est clément, miséricordieux et juste.

Exortum est in tenebris lumen rectis ; * misericors, et miserator, et justus.

Heureux l'homme qui plaint et secourt l'indigent ; il règlera ses paroles selon la prudence : il ne sera jamais ébranlé.

Jucundus homo qui miseretur et commodat ; disponet sermones suos in judicio, * quia in æternum non commovebitur.

La mémoire du juste sera éternelle : il ne craindra pas les mauvais discours des hommes.

In memoria æterna erit justus ; * ab auditionne mala non timebit.

Son cœur est toujours prêt à espérer au Seigneur, son cœur est inébranlable : il verra sans se troubler la ruine de ses ennemis.

Paratum cor ejus sperare in Domino, confirmatum est cor ejus : non commovebitur donec despiciat inimicos suos.

Il a répandu libéralement ses biens dans le sein des pauvres ; sa justice subsiste dans tous les siècles : son nom sera couronné de gloire.

Dispersit, dedit pauperibus justitia ejus manet in sæculum sæculi ; * cornu ejus exaltabitur in gloria.

Le pécheur le verra, et en sera irrité, il grincera les dents et sèchera de dépit : mais le désir des pécheurs périra.

Peccator videbit, et irascetur : dentibus suis fremet et tabescet : * desiderium peccatorum peribit.

4e Ant. — Zoé uxor Nicostrati dixit beato Sebastiano : Beatus es tu, et benedictus sermo oris tui.

4e Ant. — Zoé, l'épouse de Nicostrate, dit à Saint Sébastien : Vous êtes bienheureux, et les paroles de votre bouche sont bénies.

PSAUME 112

Laudate, pueri, Dominum ; * laudate nomen Domini.

Sit nomen Domini benedictum, * ex hoc nunc, et usque in sæculum.

A solis ortu usque ad occasum, * laudabile nomen Domini.

Excelsus super omnes gentes Dominus, * et super cœlos gloria ejus.

Quis sicut Dominus Deus noster, qui in altis habitat, * et humilia respicit in cœlo et in terra ?

Suscitans a terra inopem, * et de stercore erigens pauperem ;

Ut collocet eum cum principibus, * cum principibus populi sui.

Qui habitare facit stérilem in domo, * matrem filiorum lætantem.

Serviteurs de Dieu, louez le Seigneur, et célébrez son nom.

Que le nom du Seigneur soit béni, maintenant et dans tous les siècles.

De l'orient jusqu'à l'occident, le nom du Seigneur est digne de louanges.

Le Seigneur domine sur tous les peuples, et sa gloire est au-dessus des cieux.

Qui est semblable au Seigneur notre Dieu, qui réside au plus haut des cieux, et abaisse ses regards sur tout ce qui est au-dessous de lui dans le ciel et sur la terre ?

Il tire le faible de la poussière : il élève le pauvre du sein de l'abjection.

Pour le placer avec les princes, avec les princes de son peuple.

Il donne à celle qui était stérile la joie de se voir, dans sa maison, mère de plusieurs enfants.

5e Ant. — Saint Sébastien dit à Nicostrate : C'est pour les pécheurs que notre Sauveur a daigné manifester sa présence.

Sanctus Sebastianus dixit Nicostrato : Salvator noster pro peccatoribus exhibere dignatus est suam præsentiam.

PSAUME 115

J'ai cru, c'est pourquoi j'ai parlé, malgré l'état d'humiliation où je me suis vu réduit.

J'ai dit dans le trouble de mon âme : Tout homme est menteur.

Que rendrai-je au Seigneur pour tous les biens dont il m'a comblé ?

Je prendrai le calice du salut, et j'invoquerai le nom du Seigneur.

Je lui offrirai mes vœux en présence de tout son peuple : la mort des Saints du Seigneur est précieuse devant lui.

O Dieu, je suis votre serviteur je suis votre serviteur et le fils de votre servante.

Vous avez rompu mes liens : je vous offrirai un sacrifice de louange, et j'invoquerai le nom du Seigneur.

J'accomplirai les vœux que je lui ai faits, je les accomplirai aux yeux de son peuple, dans les parvis de son temple, au milieu de Jérusalem.

Credidi, propter quod locutus sum ; * ego autem humilliatus sum nimis.

Ego dixi in excessu meo ;* Omnis homo mendax.

Quid retribuam Domino * pro omnibus quæ retribuit mihi ?

Calicem salutaris accipiam, * et nomen Domini invocabo.

Vota mea Domino reddam coram omni populo ejus : * pretiosa in conspectu Domini mors sanctorum ejus.

O Domine, qui ego servus tuus : * ego servus tuus, et filius ancillæ tuæ.

Dirupisti vincula mea : * tibi sacrificabo hostiam laudis, et nomen Domini invocabo.

Vota mea Domino reddam in conspectu omnis populi ejus : * in atriis domus Domini, in medio tui, Jerusalem.

CAPITULE

Memoratus sum misericordiæ tuæ, Domine, et operationis tuæ quæ a sæculo sunt ; quoniam eruis sustinentes te Domine, et liberas eos de manibus gentium.

Seigneur, je me suis souvenu de votre miséricorde et des œuvres que vous avez faites dès le commencement du monde ; je sais, mon Dieu, que vous tirez du péril ceux qui ne se lassent point de vous attendre et que vous les délivrez de la puissance des nations.

HYMNE

Digno quis celebret carmine militem,
Cui quæsita Dei robore fulgida,
Contemptis jaculis mortis atrocibus,
Ornat tempora laurea.

Huic non illecebris lingua tyrannidis
Blandiri potuit, non fera spicula
Devinctum rigido flectere stipiti,
Frustra scinditur artubus.

Telorum impavidus turbinis impetu,
Spumosis veluti fluctibus eminet
Percussus scopulus saucius, ut cadit
Tandem vulnere plurimo.

Quels chants pourront célébrer dignement ce héros, qui, avec la grâce de Dieu, a méprisé les blessures cruelles des flèches et la mort, et a conquis la brillante couronne qui orne son front !

C'est en vain que le tyran essaie de multiplier ses flatteries; c'est en vain que le martyr est attaché à un arbre, et que les flèches lui déchirent les membres.

De même que le rocher se dresse impassible au milieu des vagues qui s'abattent contre lui, ainsi Sébastien demeure inébranlable sous une pluie de de traits, puis finit par s'affaisser sous de nombreuses blessures.

Irène vient soulever avec empressement cette précieuse dépouille qu'elle voudrait confier au tombeau ; mais elle reconnait que Sébastien vit encore, et ses soins empressés le raniment.

Irenes tumulo tradere cogitans
Sublato properat corpore ; vivere
Sed cognoscit adhuc, et medica manu
Curat sedula sospitem.

Le héros a recouvré ses forces ; il se présente au-devant du tyran et lui reproche sa cruauté: celui-ci, furieux, le fait assommer et fait jeter son corps dans un cloaque.

Heros convaluit : principi et obvius
Crudeli alloquitur barbariem exprobrans ;
Qui excandens perimi verberibus jubet,
Fœdo projici et angulo.

Gloire éternelle au Père qui régit tout de toute éternité, gloire égale au Fils, pareille gloire à l'Esprit-Saint, et sur la terre et dans les cieux.
Ainsi soit-il.

Æterno Domino, qui regit omnia,
Patri semper honor, gloria Filio,
Almo Spiritui sit quoque gloria
In terra, et super æthera.
Amen.

v. Le juste fleurira comme le palmier.
R. Il se multipliera comme le cèdre du Liban.

v. Justus ut palma florebit.
R. Sicut cedrus Libani multiplicabitur.

A Magnificat

Ant. — O Sébastien, illustre martyr de Jésus-Christ, vaillant capitaine et propagateur des préceptes sacres, votre nom est désormais inscrit au livre de la vie éternelle, et votre souvenir ne périra jamais.

Egregie Christi Martyr Sebastiane, princeps et propagator sanctissimorum præceptorum, ecce nomen tuum in libro vitæ cælestis adscriptum est, et memoriale tuum non derelinquetur in sæcula.

Magnificat

Magnificat * anima mea Dominum ;

Et exsultavit spiritus meus * in Deo salutari meo ;

Quia respexit humilitatem ancillæ suæ : * ecce enim ex hoc beatam me dicent omnes generationes.

Quia fecit mihi magna qui potens est, * et sanctum nomen ejus,

Et misericordia ejus a progenie in progenies * timentibus eum,

Fecit potentiam in brachio suo : * dispersit superbos mente cordis sui.

Deposuit potentes de sede, * et exaltavit humiles.

Esurientes implevit bonis, * et divites dimisit inanes.

Suscepit Israel puerum suum, * recordatus misericordiæ suæ.

Sicut locutus est ad patres nostros, * Abraham, et semini ejus in sæcula.

Mon âme glorifie le Seigneur;

Et mon esprit est ravi de joie en Dieu mon Sauveur,

Parce qu'il a regardé la bassesse de sa servante : désormais toutes les générations m'appelleront bienheureuse,

Car le Tout-Puissant a fait en moi de grandes choses, et son nom est saint.

Sa miséricorde se répand d'âge en âge sur ceux qui le craignent.

Il a déployé la force de son bras, et confondu les pensées des superbes.

Il a renversé de leurs trônes les puissants, et il a élevé les humbles.

Il a comblé de biens ceux qui étaient affamés, et renvoyé les mains vides ceux qui étaient dans l'abondance.

Il a pris sous sa garde Israël son serviteur, se souvenant de sa miséricorde.

Comme il l'avait promis à nos pères, à Abraham et à sa postérité dans tous les siècles.

Oraison

Da nobis, quæsumus, Domine, omnia tela nequissimi

Seigneur, vous qui avez accordé à saint Sébastien, cet

illustre martyr, le défenseur de votre Eglise, le préservateur de la peste, la force de surmonter les tortures et les flèches, donnez-nous, dans votre miséricorde, la grâce d'éteindre en nous les traits enflammés de la malice du démon. Par N. S. J.-C.

ignea extinguere, qui inclyto martyri, Ecclesiæ defensori, et pestilitatis propulsori Sebastiano tribuisti, sagittarum suarum tormenta superare. Per Dominum nostrum Jesum Christum.

Antienne a la Sainte Vierge

Mère auguste du Rédempteur, porte du ciel toujours ouverte, étoile de la mer, venez au secours d'un peuple qui veut se relever de ses chutes. Vous qui, par un prodige dont s'étonne la nature, avez enfanté votre Créateur sans cesser d'être vierge ; vous qui avez reçu cette glorieuse salutation de l'Ange Gabriel, ayez pitié des pécheurs.

Alma Redemptoris Mater,
quæ pervia cœli
Porta manes, et stella maris,
succure cadenti,
Surgere qui curat, populo ;
tu quæ genuisti,
Natura mirante, tuum sanctum Genitorem :
Virgo prius ac posterius,
Gabrielis ab ore
Sumens illud Ave, peccatorum miserere.

v. Vous êtes demeurée sans tache après votre enfantement, ô Vierge sainte. r. Mère de Dieu, intercédez pour nous.

v. Post partum, Virgo, inviolata permansisti. r. Dei Genitrix, intercede pro nobis.

PRIONS

O Dieu, qui, en rendant féconde la virginité de la bienheureuse Marie, avez assuré au genre humain le salut éternel, faites-nous éprouver, s'il vous plait, combien est puissante auprès de vous l'intercession de

OREMUS

Deus, qui salutis æternæ, beatæ Mariæ virginitate fecunda, humano generi præmia præstitisti : tribue, quæsumus ; ut ipsam pro nobis intercedere sentiamus, per quam meruimus anctorem vitæ suscipere, Dominum nostrum Jesum Christum Filium tuum.

Amen.

celle par laquelle nous avons reçu l'auteur de la vie, Notre-Seigneur Jésus-Christ votre Fils.

Ainsi soit-il.

SALUT ET PROCESSION

pour l'Exposition de la Chasse

ET L'OUVERTURE DE LA NEUVAINE

FÊTE DE LA CONFRÉRIE DE SAINT SÉBASTIEN

Les Offices sont comme au jour de la Fête ; après les Vêpres il y a Procession dans l'église pendant laquelle on chante le Psaume 88 ou l'Hymne suivante. Au 3me tour, on entonne le Te Deum, puis a lieu le Salut.

PSAUME 88

Misericordias Domini * in æternum cantabo.

In generotionem et generationem * annuntiabo veritatem tuam in ore meo.

Quoniam dixisti : In æternum misericordia ædificabitur in cœlis, * præparabitur veritas tua in eis.

Disposui testamentum electis meis, juravi David servo meo : * Usque in æternum præparabo semen tuum.

Et ædificabo in generationem et generationem * sedem tuam.

Confitebuntur cœli mirabilia tua, Domine : * etenim veritatem tuam in ecc'esia sanctorum.

Quoniam quis in nubibus æquabitur Domino ? * similis erit Deo in filiis Dei ?

Deus, qui glorificatur in oncilio sanctorum ; * manus et terribilis super omnes qui in circuitu ejus sunt.

Domine Deus virtûtum, quis similis tibi ? * potens es, Domine, et véritas tua in circûitu tuo.

Tu dominàris potestâti maris : * motum autem flúctuum ejus tu mitigas.

Tu humiliasti sicut vulneratum superbum ; * in brachio virtûtis tuæ dispersisti inimicos tuos.

Tui sunt cœli, et tua est terra ; orbem terræ et plenitûdinem ejus tu fundâsti ; * aquilônem et mare tu creâsti.

HYMNE

Martyris sacri memoranda cunctis
Gesta, Femenses celebrate cives,
Huic Dei viri famulo perennes,
Dicite laudes.

Hunc quidem novit coluitque semper
Tota sanctorum soboles parentem,
Cujus et vires et opem frequenter
Censit adesse.

Fidèles de l'Eglise de Reims, celébrez les actions mémorables du saint Martyr Sébastien ; chantez sans cesse les louanges de ce serviteur du Dieu vivant.

Tous les enfants du Christ l'ont toujours regardé et honoré comme un père ; ils ont fréquemment ressenti l'efficacité de sa puissante protection.

Mais, c'est au milieu de vous surtout, heureux fidèles, que la bonté du Seigneur a fait briller autrefois comme aujourd'hui, la puissance du saint Martyr.

Maxime vero tibi plebs beata,
Martyris virtus, bonitate Christi,
Sæculis priscis fuit atque nostris,
Clara diebus.

Quand la peste infestait toutes les cités, quand elle frappait avec fureur toutes les contrées de la France sans épargner les campagnes.

Cum lues cunctas agitaret urbes,
Et furens pestis populos per omnem
Galliam totos quateret nec ipsis
Parceret agris.

Quand les habitants fuyaient leurs demeures, ne trouvant de sécurité nulle part, seuls, au milieu des dangers, vous étiez protégés.

Et domo passim fugerint relicta,
Nec locus tutus foret ullus usquam,
Tu tamen, semper mediis periclis
Tuta fuisti.

Plein de bonté pour vous, il vous a délivrés de l'affreuse contagion, qui dut s'éloigner impuissante devant un tel protecteur.

Ille te clemens graviore morbo
Liberam fecit, nihil atra clades
Obfuit genti populoque magno,
Auspice tanto.

Vous devez ces faveurs, croyez le bien, aux prières que multipliait pour vous devant Dieu, son illustre serviteur et martyr.

Hoc enim summi pietate patris
Esse concessum, penite putato,
Qui tibi tantum rogitante servo
Martyre favit

La science des hommes, les

Non tibi priscæ Milhrida-

tis artes,
Non tibi pravi medicina patris
Profuit quidquam, nec amara siccæ.
Potio rutæ.

Nulla te virtus hominum juvare
In tot et tantis potuit periclis ;
Sed tibi Martyr Domini favore
Adfuit unus.

Ergo, Remenses celebrate cives
Martyrem Christi, magis at potenti
Martyrum Christo Domino frequenter
Reddite grates,

Tu Deus vero Pater, atque princeps
Mortis et vitæ tribuas precamur
Semper ut donorum memores tuorum
Esse queamus.

Ac ut immensæ pietatis in nos
Nil tuæ fontem remoretur unquam
Quæsumus, nostras miseratus omnes
Ablue sordes.

Amen.

remèdes de toutes sortes, les potions amères, ne vous furent d'aucun secours.

Dans un si grand péril, aucune puissance humaine ne pouvait vous secourir. Mais, Dieu dans sa bonté, plaçait le glorieux martyr pour vous sauver.

Fidèles de l'Eglise de Reims, célèbrez donc le martyr du Christ, rendez de fréquentes actions de grâces à Jésus, roi des Martyrs.

Et vous, Dieu notre Père, souverain maitre de la vie et de la mort, accordez-nous la grâce de conserver toujours le souvenir de vos bienfaits.

Afin que rien n'arrête le cours de vos inépuisables bontés, nous vous en supplions : ayez pitié de nous ; purifiez-nous de toutes nos souillures.

Ainsi soit-il.

TE DEUM

Nous vous louons, ô Dieu, nous vous reconnaissons pour le souverain Seigneur.	Te Deum laudamus ; te Dominum confitemur.
Père éternel, la terre entière vous révère.	Te æternum Patrem omnis terra veneratur.
Tous les anges, toutes les Puissances célestes,	Tibi omnes Angeli, tibi Cœli, et universæ Potestates,
Les Chérubins et les Séraphins redisent éternellement :	Tibi Cherubim et Seraphim incessabili voce proclamant :
Saint, Saint, Saint, le Seigneur Dieu des Armées.	Sanctus, Sanctus, Sanctus, Dominus Deus sabaoth.
Les cieux et la terre sont remplis de la majesté de votre gloire.	Pleni sunt cœli et terra majestatis gloriæ tuæ.
Le chœur glorieux des Apôtres,	Te gloriosus Apostolorum chorus,
La troupe vénérable des Prophètes,	Te Prophetarum laudabilis numerus,
L'éclatante armée des Martyrs chante vos louanges.	Te Martyrum candidatus laudat exercitus.
Dans toute l'étendue de l'univers l'Eglise vous adore,	Te per orbem terrarum sancta confitetur. Ecclesia,
O Père, dont la majesté est infinie,	Patrem immensæ majestatis,
Et votre Fils unique et véritable,	Venerandum tuum verum et unicum Filium,
Et le Saint-Esprit consolateur.	Sanctum quoque Paraclitum Spiritum.
O Christ, vous êtes le Roi de gloire,	Tu Rex gloriæ, Christe.
Vous êtes le Fils éternel du Père.	Tu Patris sempiternus es Filius.

Tu ad liberandum suscepturus hominem, non horruisti Virginis uterum.

Fait homme pour sauver l'homme, vous n'avez pas dédaigné de descendre dans le sein d'une Vierge.

Tu, devicto mortis aculeo aperuisti credentibus regna cœlorum.

Brisant l'aiguillon de la mort, vous avez ouvert à ceux qui croient le royaume des cieux,

Tu ad dexteram Dei sedes in gloria Patris

Vous êtes assis à la droite de Dieu, dans la gloire du Père.

Judex crederis esse venturus.

Nous croyons que vous viendrez un jour juger l'univers.

On se met à genoux pendant le v. suivant :

Te ergo quæsumus, tuis famulis subveni, quos pretioso sanguine redemisti.

Secourez donc, nous vous en conjurons, vos serviteurs rachetés par votre sang précieux.

On se relève

Æterna fac cum Sanctis tuis in gloria numerari.

Faites qu'ils soient comptés parmi vos Saints dans la gloire éternelle.

Salvum fac populum tuum Domine et benedic hæreditati tuæ.

Sauvez votre peuple, Seigneur et bénissez votre héritage.

Et rege eos et extolle filos usque in æternum.

Conduisez vos enfants et élevez-les jusqu'à la gloire de l'éternité.

Per singulos dies benedicimus te ;

Chaque jour nous vous bénissons ;

Et laudamus nomen tuum in sæculum et in sæculum sæculi.

Nous louons votre nom maintenant et dans tous les siècles des siècles.

Dignare, Domine, die isto sine peccato nos custodire.

Daignez, Seigneur, pendant ce jour, nous préserver de tout péché.

Ayez pitié de nous, Seigneur, ayez pitié de nous.	Miserere nostri, Domine, miserere nostri.
Répandez sur nous votre miséricorde, Seigneur, selon que nous avons espéré en vous.	Fiat misericordia tua, Domine, super nos, quemadmodum speravimus in te.
J'ai espéré en vous, Seigneur, je ne serai pas confondu à jamais.	In te, Domine, speravi non confundar in æternum.
v. Bénissons le Père, le Fils et le Saint-Esprit. r. Louons-le et exaltons-le par-dessus toutes choses dans tous les siècles.	v. Benedicamus Patrem, et Filium, cum sancto Spiritu. r. Laudemus et super exaltemus eum in sæcula.
PRIONS	OREMUS
Seigneur dont la miséricorde est infinie et la bonté inépuisable, nous rendons grâces à votre divine Majesté pour les biens que nous en avons reçus, et nous conjurons votre clémence de ne pas abandonner ceux dont vous exaucez ici-bas les prières, mais de les préparer à recevoir les récompenses éternelles. Par J.-C. N. S.	Deus, cujus misericordiæ non est numerus et bonitatis infinitus est thesaurus, piissimæ Majestati tuæ pro collâtis donis gratias agimus, tuam semper clementiam exorantes ; ut qui potentibus postulata concedis, eôsdem non deserens, ad præmia futura disponas. Per Christum.

Pour la Bénédiction du Saint Sacrement

Adorons avec un profond respect un Sacrement si digne de nos hommages ; que l'ancien précepte cède au nouveau et que la foi supplée à la faiblesse de nos sens.	Tantum ergo Sacramentum, Veneremur cernui ; Et antiquum documentum Novo cedat ritui : Præstet fides supplementum Sensuum defectui.
Gloire, louange, salut, honneur, actions de grâces au Père	Genitori, Genitoque Laus et jubilatio ;

Salus, honor, virtus quoque
Sit et benedictio ;
Procedenti ab utroque
Compar sit laudatio

Amen.

v. Panem de cœlo præstitisti eis. — r. Omne delectamentum in se habentem.

OREMUS

Deus, qui nobis sub sacramento mirabili, Passionis tuæ memoriam reliquisti : tribue, quæsumus ; ita nos Corporis et Sanguinis tui sacra mysteria venerari, ut redemptionis tuæ fructum in nobis jugiter sentiamus. Qui vivis et regnas in sæcula sæculorum.

r. Amen.

et au Fils unique ; gloire égale à l'Esprit-Saint, qui procède de l'un et de l'autre.

Ainsi soit-il.

v. Vous leur avez donné un pain descendu du ciel. r. Un pain délicieux.

PRIONS

O Dieu, qui nous avez laissé dans un sacrement admirable la mémoire de votre Passion, accordez-nous de révérer tellement les mystères sacrés de votre corps et de votre sang, que nous ressentions sans cesse dans nos âmes le fruit de la rédemption que vous avez opérée. Vous qui vivez et régnez dans les siècles des siècles.

Ainsi soit-il.

Après la Bénédiction du Saint Sacrement

Sancte Sebastiane, ora pro nobis (*Trois fois*)

PRIÈRE POUR LES CONFRÈRES DÉFUNTS

De profundis clamavi ad te, Domine : * Domine exaudi vocem meam.

Fiant aures tuæ intendentes * in vocem deprecationis meæ.

Si iniquitates observave-

Du fond de l'abîme j'ai crié vers vous, Seigneur ; Seigneur, écoutez ma voix.

Que vos oreilles soient attentives à la voix de ma prière.

Si vous exigez, Seigneur, un

compte sévère de nos iniquités, qui pourra subsister devant vous, ô mon Dieu ?

Mais vous aimez à pardonner ; aussi, appuyé sur votre loi, j'attends, Seigneur, votre secours.

Mon âme l'attend, fondée sur vos promesses ; mon âme se confie dans le Seigneur.

Depuis le matin jusqu'au soir, qu'Israël espère dans le Seigneur.

Car le Seigneur est plein de miséricorde et l'on trouve en lui une abondante rédemption.

C'est lui qui rachètera Israël de toutes ses iniquités.

v. Donnez-leur, Seigneur, le repos éternel. R. Et que la lumière éternelle les éclaire.

v. Qu'ils reposent en paix, R. Ainsi soit-il.

v. Seigneur, écoutez ma ma prière. R. Et que mes cris s'élèvent jusquà vous.

PRIONS

O Dieu qui aimez à pardonner aux hommes et à les sauver, nous supplions votre miséricorde, par l'intercession de la bienheureuse Marie toujours vierge et de tous vos Saints, que nos frères, nos parents et nos bienfaiteurs qui sont sortis de ce monde, soient admis à la parti-

ris Domine ; * Domine, quis sustinebit ?

Quia apud te propitiatio est, * et propter legem tuam sustinui te, Domine.

Sustinuit anima mea in verbo ejus ; * speravit anima mea in Domino.

A custodia matutina usque ad noctem, * speret Israel in Domino.

Quia apud Dominum misericordia, , et copiosa apud eum redemptio.

Et ipse redimet Israel * ex omnibus iniquitatibus ejus.

v. Requiem æternam dona eis, Domine. R. Et lux perpetua luceat eis.

v. Requiescant in pace.
R Amen.

v. Domine, exaudi orationem meam. R. Et clamor meus ad te veniat.

OREMUS

Deus, veniæ largitor et humanæ salutis amator, quæsumus clementiam tuam ; ut nostræ congregationis fratres, propinquos et benefactores. qui ex hoc seculo transierunt, beata Maria semper virgine intercedente cum omnibus Sanctis tuis ; ad perpétuæ beatitudinis consortium pervenire concédas.

Fidélium Deus, omnium conditor et redemptor, animabus famulorum famularumque tuarum remissionem cunctorum tribue peccatorum : ut indulgentiam quam semper optaverunt piis supplicationibus consequantur. Qui vivis et regnas in secula sæculorum.

R. Amen.

V. Requiescant in pace.

R. Amen.

cipation de la béatitude éternelle.

O Dieu, le créateur et le rédempteur de tous les fidèles, accordez aux âmes de vos serviteurs et de vos servantes la rémission de tous leurs pêchés. afin qu'elles obtiennent par nos très humbles prières le pardon qu'elles ont toujours attendu de votre miséricorde. Vous qui vivez et régnez dans tous les siècles des siècles.

R. Ainsi soit-il.

V. Qu'ils reposent en paix.

R. Ainsi soit-il.

On termine par un Cantique pendant lequel on récite l'Evangile sur les pèlerins

Jésus doux et humble de cœur, rendez mon cœur semblable au vôtre !

(300 j. d'indulgence).

HYMNES ET PROSES

ANCIENNES

En l'honneur de Saint Sébastien

Hymne.

Peuple fidèle, unissez vos voix aux concerts des anges ; célébrez par des chants unanimes le triomphe d'un athlète victorieux.

Enrôlé dans l'armée romaine, Sébastien prend part aux combats profanes, mais d'autres guerres l'attendent ; soldat du Christ, il lui faudra bientôt combattre pour la foi.

Il secourt les captifs gémissant dans les chaines, il ranime les courages abattus, il console ceux qui pleurent ; il soumet les cœurs à Jésus-Christ, et vole au secours des indigents.

C'est maintenant, noble soldat, c'est maintenant qu'il vous faut de la force, de la constance ; de rudes combats vous attendent, l'éclat de vos vertus chrétiennes vous désigne aux fureurs du tyran.

Cœlestis aulæ vocibus æmulas Adjunge voces, Christiadûm chorus ; Vincentis athletæ triumphum Unanimi celebrate cantu.

Romæ profanam militiam sequens *Sebastianus,* prælia sustinet ; Mox bella Jesu, mox ferendos Suscipiet fidei labores.

Vinctis catenæ pondera sublevat, Firmat labantes, flentibus assidet, Sub jura Christi corda subdit, Promptus adest inopum juvanem.

Nunc corde firmo, nunc animis opus ; O sancte miles, prælia te manent : Virtute splendes Christianus, Supplicium statuit tyrannus.

Palo ligâris, martyr, et impiæ Corpus sagittæ transadigunt tuum ; inter tot ictus, stas serenus, Intrepidum feriunt sagittæ.

Vous êtes attaché à un poteau, votre corps est transpercé de flèches cruelles, accablé de coups, criblé de blessures, vous demeurez calme et impassible.

Fessus quiescit carnificum furor : Solûm futuro victima funeri Prælusit ; ad luctam, per artus Vita latens, pugilem reducet.

La rage des bourreaux se lasse de frapper, la sainte victime n'a fait que préluder à sa mort prochaine, un reste de vie cachée dans ses membres va se ranimer et ramener au combat le vaillant athlète.

Spirare sentit, funera dùm parat, *Sebastianum,* ; clausa fovet domi Plagas Irene, pristinasque Restituit studiosa vires.

Pendant qu'elle s'apprête à lui rendre les derniers devoirs, Irène s'aperçoit que Sébastien respire encore ; elle l'emporte secrètement chez elle, panse ses blessures, et à force de soins, ranime ses forces épuisées.

Laus summa Patri, summaque Filio, Sit, Sancte, compar laus tibi, Spiritus ; Quo dante victores athletæ Martyrii referunt coronam. Amen.

Louange au père et au Fils, pareille gloire à vous, Esprit-Saint, dont la vertu soutient les athlètes dans la lutte et leur fait remporter la palme du martyre.

Ainsi soit-il.

Hymne

Gaudete, cœtus Chtistiadûm, novis *Sebastianum* tollite laudibus, Quem bina præcingit corona Vos gemino celebrate cantu.

Réjouissez-vous, peuple fidèle ; exaltez Sébastien par de nouveaux chants, son front est orné d'une double couronne, célébrez sa victoire par un double cantique.

Désireux de mourir pour la foi de Jésus-Christ, il court de lui-même au-devant du péril, il réclame les palmes du triomphe, sa noble impatience se refuse à la fuite.

Le vaillant athlète se relève plus fort après ses blessures ; avec une sainte audace, il reproche au tyran sa cruauté ; fortifié par Dieu, il méprise les supplices et est prêt à affronter de nouveaux combats.

Transporté de fureur, le tyran impie fait préparer de nouvelles tortures ; on apporte les verges, mais la mort ne peut effrayer le généreux athlète.

Accablé sous les coups, le corps du martyr succombe, mais son âme invincible s'élevant vers le ciel, entre dans les célestes demeures où l'emportait le feu de l'amour divin.

O vous, qui triomphez au milieu des célestes phalanges, écoutez les vœux de vos clients, faites que nos cœurs s'embrasent et brûlent sans cesse des feux de l'amour divin.

Déjà bien des fois, généreux protecteur, notre contrée a ressenti les effets de votre puissante intercession : ne cessez de nous secourir, et chassez loin de nous les terribles fléaux

Pro lege Christi magnanimus mori Vitæ subibit sponte pericula, Palmas triumphales reposcit, Impatiens latebras recusat.

Athleta surgit vulnere fortior, Iram Tyranni firmiùs increpat : Deoque plenus bella temnit ; Nil metuens iterare pugnas.

Nescit morari Cæsaris impius Furor, dolores imperitat novos, Fustes parentur, nulla fortem Pompa necis pugilem movebit.

Dùm victa plagis obruitur caro, Invicta surgit martyris altius Mens ; atque scandit, quo ferebat Divus amor, superas ad arces.

O qui triumphas cœlitibus choris Immixtus, audi vota clientium : Fac nostra sacras corda flammas Concipiant, foveant que semper.

Jàm te potentem sensit et optimum Tellus patronum : quid pietas tua Cessabit ? Irati benignus Sæva Dei remove flagella.

de la colère divine.

Laus summa Patri, summaque Filio, Sit, Sancte, compar laus tibi, Spiritus; Quo dante victores athletæ Martyrii referunt coronam.

Amen.

Louange au Père et au Fils, pareille gloire à vous, Esprit-Saint, dont la vertu soutient les athlètes dans la lutte, et leur fait rapporter la palme du martyre.

Ainsi soit-il.

Première Prose

Quam primus fuso cruore Signasti, Christe, viam, Per hanc te Sebastianus Miles ducem sequitur.

O Jésus, vous avez marqué de votre sang la voie que nous devons suivre, dans cette voie le vaillant Sébastien marche sur vos traces.

Vix natus tibi dat nomen Suos seque deserit, Quo majus certamen urget Roman volat fervidus.

Jeune encore, il quitte tout, lui et les siens, pour se donner à vous ; et, plein d'ardeur, il court vers Rome, où sévit la fureur de terribles combats.

Dei Cæsarisque miles, Utrique servat fidem; Nec prava jubens Tyrannus Mentem quatit solidam,

Soldat de Dieu et de César, il garde à l'un et à l'autre la foi jurée, et les ordres du tyran n'ébranlent point son âme intrépide.

Nutantes firmat, egenos Alit, et nudos tegit, Captivis in cœlo tutum Monstrat portum naufragis.

Il soutient ceux qui chancellent, nourrit les pauvres, couvre ceux qui sont nus, console les captifs en leur montrant le ciel comme le port assuré aux naufragés.

Proderis, Sebastiane, Furens ecce Tartarus Trucem suscitat Tyrannum Cædis avidum tuæ.

Vous êtes découvert, vaillant Sébastien, voici que l'enfer irrité, allume contre vous la rage du tyran, impatient de vous immoler.

La volupté, avec ses attraits séducteurs, ne peut amollir votre courage, la vue des supplices et de la mort cruelle qui vous attendent ne saurait vous effrayer.

Mentem non fregit voluptas Illecebris blandiens. Præsente letho non terret Sæviens crudelitas.

L'édit fatal est publié, le martyr est attaché au poteau; ses chairs déchirées volent en lambeaux, il est laissé pour mort.

Ferale tonat edictum, Ad palum configitur : Scissæ telis volant carnes, Mortuus relinquitur.

La sainte victime n'a pas encore épuisé tous les supplices, pieuse Irène, vous le rappelez à la vie, tout ce qu'elle vient d'endurer n'est que le prélude de son triomphe et de sa mort.

Tu servas, Irene, nondùm Sat probatam victimam, Sui namque sunt hæc triumphi Mortis et præludia.

Ce n'est point assez pour Sébastien de mourir une fois, devenu plus fort après les tortures, il semble puiser des forces et du courage dans les blessures mêmes.

Semel mori satis non est, Sectis membris firmior : Opes animumque ducit Ab ipsis vulneribus.

Frustré dans ses espérances, le tyran furieux le fait battre de verges; chacun de ses membres brisés, est une hostie d'agréable odeur qu'il offre à son Dieu.

Deludi furit Tyrannus, Hunc fuste cœdi jubet. Fracti quot artus tot gratas Deo litat hostias.

Tandis que son sang s'écoule, son âme s'échappe et s'envole vers les cieux. et ses blessures qu'il présente au Seigneur. sont autant de voix éloquentes qui intercèdent pour nous.

Sui flumine cruoris Vectus ad astra volat; Acceptasque monstrat plagas, Per tot ora supplicat.

O Jésus, si vous ne repoussez pas ceux qui sont accablés sous le poids de leurs fautes, écou-

Quos criminum gravat moles, Christe, si non respuis, Qui pro te sanguinem fudit, Tuum audi martyrem. Amen.

tez les prières que vous adresse pour nous le glorieux martyr qui a répandu son sang pour vous. Ainsi soit-il.

IIe Prose

Militare Et Dei pro causà stare Debet omnis.

Nous devons tous combattre et défendre la cause de Dieu.

Christianus Pro Christo *Sebastianus* Totus ignis.

Sébastien chrétien est plein d'ardeur pour Jésus-Christ.

Quæ moratur nimïum Solum extrâ patrium Quærit mortem.

Il cherche loin du sol de la patrie, la mort qui tarde trop à venir.

Quorum fidem excitat Et catenas visitat Ambit sortem.

Il ambitionne le sort des martyrs qu'il encourage et visite dans les fers.

Non promissis allicis Nil terrore proficis Imperator.

Cruel empereur, tes promesses ne le touchent pas plus que tes menaces ne l'effraient.

Vita non adimitur Christo sed configitur Christi cultor.

Le fidèle disciple de Jésus-Christ ne perd point la vie mais il est transpercé avec lui.

Hæ sagittæ transeunt Cor sagittæ subeunt Caritatis.

Les flèches des bourreaux ne font que des blessures passagères, tandis que les traits de l'amour divin demeurent dans le cœur qu'ils ont blessé.

Surgit fortis vulnere Rursùm bella gerere Veritatis.

Guéri, il se relève plus fort, prêt à affronter de nouveaux combats pour la vérité.

Nil ab hoste metuit Sub quo tellus tremuit Hujus iram arguit Impotentem.

Il ne craint rien d'un ennemi qui a fait trembler la terre, il lui reproche avec liberté sa, rage impuissante.

Membra tortor lacerat, Viam fides reserat Quà vic-

Tandis que le bourreau lui déchire les membres, la foi lui

montre le chemin que doit suivre son âme victorieuse dégagée de la chair.

O Dieu, donnez à ceux qui croient en vous, de vivre de la foi et de vaincre par la foi.

Faites, que pour mieux défendre votre cause sacrée, ils évitent de s'engager dans les embarras du siècle. Ainsi soit-il.

tricem liberat Carne mentem.

Ex fide vivere Per fidem vincere Da, Deus, in te credentibus.

Ut pro te dimicent, Se nullis implicent Sæcularibus tumultibus. Amen.

HYMNE

Chantons de dignes louanges, et rendons grâces au Roi du ciel qui a choisi le soldat Sébastien pour être son martyr.

Ce valeureux soldat était cher à tous, même aux empereurs, qui l'avaient placé parmi les premiersde l'empire.

En remplissant sa charge de soldat dans le palais des empereurs païens, il ne laissait pas cependant d'adorer chaque jour Jésus-Christ en chrétien fervent.

Sous l'habit militaire, il se joignait aux fidèles, et il rendait à Dieu les âmes que satan cherchait à lui ravir.

A la parole de ce grand saint, deux frères reprennent courage ainsi que de nombreux martyrs à qui il fait remporter la victoire.

Laudes canamus inclitas
Canentes regi gratias,
Qui fecit sibi martyrem
Sebastianum militem.

Hic vir in armis strenuus,
Acceptus erat omnibus
Atque imperatoribus
Inter primates positus.

Qui militiam in publico
Gentilium palatio,
Christum tamen quotidie
Adorabat catholice.

Et sub absconso chlamydis
Conjungens se Christicolis
Deo reddebat animas
In quas captabat sathanas.

Vir sanctus fratres geminos
Et martyres quam plurimos
Firmans eorum animos
Victores fecit inclitos.

Tandem, quis esset, claruit
Lux latere non potuit,
A dœmonum cultoribus
Damnatur ut catholicus.

Sa foi est enfin découverte, la lumière n'a pu se cacher plus longtemps, les suppôts du démon le condamnent comme disciple de Jésus-Christ.

In campo nudus ponitur
Sagittis et configitur,
Reputatus pro mortuo
Sanus adstabat denuo.

Il est dépouillé de ses vêtements, il est percé de flèches et laissé pour mort, mais de nouveau, il apparait plein de santé.

Dehinc mactatus fustibus
Vir fortis et intrepidus,
Cœlo remittens spiritum
Victoris sumpsit prœmium.

Enfin, accablé sous les coups, fort et courageux chrétien, il rend son âme à Dieu et cueille la palme du vainqueur.

Christi bellator inclite,
Tuam catervam respice,
Ut per tua suffragia
Solvantur nostra crimina.

Glorieux soldat de Jésus-Christ, regardez favorablement vos pieux serviteurs ; et que vos suffrages acquittent la dette due par nos péchés.

Laus tibi, Sancta Trinitas,
Quæ martyres glorificas.
Nobis parans subsidia
Per horum digna merita.
Amen.

Louange à vous, Trinité sainte, qui glorifiez les martyrs, et, qui par leurs mérites, nous accordez de puissants secours.
Ainsi soit-il.

Hymne tirée de saint Ambroise

Sebastiani martyris
Concivis almi, supplices
Diem sacratam vocibus
Canamus omnes debitis.

En ce jour sacré, célébrons par nos prières et nos chants saint Sébastien, Martyr, notre illustre concitoyen.

Athleta Christi nobilis,
Ardens amore prœlii,
Linquit tepentem patriam,
Pugnamque Romæ festinat.

Noble champion du Christ, plein d'ardeur pour la lutte, il abandonne sa douce patrie, pour affronter à Rome de glorieux combats.

Fervent zélateur de la religion divine, rempli d'une force céleste, il abhorre les idoles et ambitionne la palme d'un glorieux martyre.	Hic cultor alti dogmatis, Virtute plenus cœlica, Idola damnans, incliti Tropœa sperat martyris.
On l'attache à un arbre assujetti par de nombreux liens. Et là, il reçoit sur la poitrine comme sur un bouclier, les flèches lancées contre lui.	Loris revinctus plurimis Qua stipes ingens tollitur, Vibrata tela suspicit Umbone nudo pectoris.
Son corps ressemble à une forêt de traits; mais son âme plus ferme que l'airain méprisant ce fer comme très doux, il s'écrie; Que le fer sévisse plus durement !	Fit silva corpus ferrea ; Sed œre mens constantior, Ut molle ferrum despicit, Ferrum precatur, sœviat.
Les flots de sang qui s'échappent donnent à son corps l'aspect d'un cadavre ; mais la nuit, une pieuse femme le rappelle à la vie en pansant ses blessures	Manantis unda sanguinis Exsangue corpus nunciat, Sed casta nocte femina Plagas tumentes recreat.
L'intrépide soldat puise dans ses profondes blessures une énergie céleste, il provoque de nouveau le tyran et il expire au milieu des supplices.	Cœleste robur militi Adacte prœbent vulnera ; Rursum tyrannum provocans Exspirat inter vulnera.
Maintenant que vous régnez dans le ciel. O le plus vaillant des guerriers ! éloignez de nous la peste, et, plein de bonté pour nous, conservez nos corps en santé,	Nunc cœli in arce considens, Bellator o fortissime ! Luem fugando, civium Tuere clemens corpora.
Gloire au Père et à son Fils unique, gloire à vous, Esprit	Patri, simulque Filio, Tibique, sancte Spiritus,

Saint, maintenant comme autrefois et durant tous les siècles. Ainsi soit-il.

Sicut fuit, sit jugiter œclum per omne gloria. Amen.

Jésus, Marie, Joseph, je vous donne mon cœur, mon esprit et ma vie

Jésus, Marie, Joseph, assistez-moi dans ma dernière agonie

Jésus, Marie, Joseph, que je meure paisiblement en votre sainte compagnie

300 j. d'indulgence.

CONSÉCRATION

DES FAMILLES CHRETIENNES A LA SAINTE FAMILLE

O Jésus notre très aimable Rédempteur qui, venu pour éclairer le monde par la parole et par l'exemple, avez voulu passer la plus grande partie de votre vie mortelle humblement soumis à Marie et à Joseph, dans la pauvre maison de Nazareth, pour sanctifier cette Famille, futur modèle de toutes les familles chrétiennes, daignez avec bonté accueillir la nôtre, qui maintenant se donne et se consacre à vous. Soyez-en la protection et la garde et faites régner en elle avec votre sainte crainte la paix et la concorde de la charité chrétienne. Qu'elle puisse ainsi, en se conformant au divin modèle de votre Famille, mériter tout entière, sans exception de personne, la béatitude éternelle.

O Marie, Mère si aimante de Jésus et notre Mère, faites par votre pieuse intercession que Jésus agrée cette humble offrande, la couvre de ses grâces et de ses bénédictions.

O Joseph, très chaste gardien de Jésus et de Marie, accordez-nous le secours de vos prières dans toutes nos nécessités spirituelles et temporelles ; avec ce secours nous pourrons, avec Marie et avec vous, éternellement bénir Jésus notre divin Rédempteur.

PRIÈRE

A RÉCITER CHAQUE JOUR DEVANT L'IMAGE DE LA SAINTE FAMILLE

O Jésus, plein d'amour, qui, par vos ineffables vertus et les exemples de votre vie domestique, avez sanctifié la Famille de votre choix sur cette terre, daignez arrêter vos regards sur la nôtre, prosternée là devant vous pour implorer votre miséricorde. Souvenez-vous que cette famille vous appartient, car nous vous l'avons offerte et consacrée. Assistez-la de vos bontés, défendez-la dans tout péril, secourez-la dans ses besoins, et donnez-lui la grâce de persévérer dans l'imitation de votre Sainte Famille, afin que, fidèle à vous servir et à vous aimer ici-bas, elle puisse vous bénir éternellement dans le ciel,

Marie, notre très douce Mère, nous recourons à votre intercession, assurés que le divin Fils exaucera vos prières.

Et vous aussi, glorieux patriarche saint Joseph, aidez-nous de votre puissante médiation, et offrez nos vœux à Jésus en les faisant passer par les mains de Marie.

(300 jours d'Indulgence à gagner, une fois le jour, par ceux qui se consacrent à la Sainte Famille, selon la formule publiée par la S. C. des Rites.)

Léon XIII, pape.

Jésus. Marie, Joseph, éclairez-nous, protégez-nous, sauvez nous. Ainsi soit-il.

(200 jours d'indulgence à gagner deux fois le jour.)

Léon XIII, pape.

EXERCICES

de dévotion envers Sainte Anne

Seconde Patronne de la Paroisse

PRIÈRE EN L'HONNEUR DE SAINTE ANNE

O bienheureuse sainte Anne, me voici prosterné devant vous, le cœur plein de la plus sincère et la plus filiale vénération. Vous êtes cette créature privilégiée et particulièrement chérie qui, par vos vertus extraordinaires et votre sainteté, avez mérité de Dieu l'insigne faveur de donner le jour à la trésorière de toutes les grâces, à la femme bénie, entre toutes les femmes, à la mère du Verbe incarné, la très sainte Vierge Marie. En considération de si sublimes privilèges daignez, je vous en prie, ô très douce sainte, me recevoir au nombre de vos véritables serviteurs, auxquels j'appartiens et veux appartenir tous les jours de ma vie. Entourez-moi de votre efficace protection et obtenez-moi de Dieu l'imitation des vertus dont vous avez été si libéralement ornée. Obtenez moi la grâce de connaître mes péchés et d'en concevoir une sincère douleur d'aimer ardemment Jésus et Marie et de remplir avec fidélité et persévérance mes devoirs d'état. Délivrez moi de tous les dangers dans la vie, et assistez moi à l'heure de ma mort, afin que je sois sauvé et qu'arrivé au ciel, je puisse avec vous ô très heureuse Mère, louer et bénir le Verbe divin qui s'est fait homme dans le sein de votre Fille très pure la Vierge Marie. Ainsi soit-il.

On ajoute **trois : Pater, Ave** et **Gloria Patri**.

300 j. d'indulgence. **Léon XIII, 20 Mars 1886.**

LITANIES

EN L'HONNEUR DE SAINTE ANNE

Mère de la Très Sainte Vierge

Seigneur, ayez pitié de nous.
Jésus-Christ, ayez pitié de nous.
Seigneur, ayez pitié de nous.
Jésus-Christ, écoutez-nous.
Jésus-Christ, exaucez-nous.
Père céleste, qui êtes Dieu, ayez pitié de nous.
Fils, Rédempteur du monde, qui êtes Dieu, ayez pitié de nous.
Esprit Saint, qui êtes Dieu, ayez pitié de nous.
Trinité Sainte, qui êtes un seul Dieu, ayez pitié de nous.

Sainte Marie, Mère de Dieu priez pour nous.
Sainte Anne, digne Mère de Marie, notre Mère,
Sainte Anne, illustre Mère de Marie la Vierge immaculée,
Sainte Anne, Mère glorieuse de Marie, la Reine des Vierges,
Sainte Anne, palais magnifique de la Reine des cieux,
Sainte Anne, rose gracieuse de l'amour envers Dieu et de bonté pour les hommes,
Sainte Anne, modèle d'humilité et dévotion,
Sainte Anne, miroir de modestie et de bienfaisance,
Sainte Anne, épouse fidèle du vertueux Joachim,
Sainte Anne, qui avez été instruite par le message d'un ange de la conception de votre fille immaculée,
Sainte Anne, qui avez enfanté la Reine des anges et qui lui avez donné le beau nom de Marie,
Sainte Anne, qui avez élevé votre illustre enfant Marie, de la manière la plus honorable et la plus sainte.

Priez pour nous.

Sainte Anne, qui avez offert à Dieu, dans son temple, l'aimable enfant Marie, âgée de trois ans,
Sainte Anne, qui avez rendu votre âme sainte à Dieu en présence de votre tendre fille,
Sainte Anne, qui êtes élevée glorieusement dans le ciel près du trône éblouissant de Marie, votre fille bénie,
Sainte Anne, qui priez pour nous avec Marie devant le trône redoutable du Dieu trois fois saint,
Sainte Anne, dont les prières obtiennent tout du Cœur adorable de Jésus et du Cœur auguste de Marie,
Sainte Anne, qui êtes grandement aimée de Dieu et extrêmement élevée par lui,
Sainte Anne, qui distribuez à vos serviteurs les bienfaits divins pour l'âme et pour le corps,
Sainte Anne, qui volez promptement au secours de tous les malheureux qui ont recours à votre intercession,
Sainte Anne, dont les serviteurs sont bénis de Dieu et aimés de Marie,
Sainte Anne, qui employez tous les moyens pour introduire

Priez pour nous.

vos vrais serviteurs près de vous dans le ciel, priez pour nous.

Agneau de Dieu, qui effacez les péchés du monde, pardonnez-nous, Seigneur.

Agneau de Dieu, qui effacez les péchés du monde, exaucez-nous, Seigneur.

Agneau de Dieu, qui effacez les péchés du monde, ayez pitié de nous, Seigneur.

Jésus-Christ, écoutez-nous.

Jésus-Christ, exaucez-nous.

v. Le Seigneur a aimé sainte Anne.

r. Et il a chéri ses vertus.

PRIONS

O Dieu tout-puissant, qui avez voulu que sainte Anne mit au monde un fruit glorieux qui devait produire le salut du genre humain, accordez favorablement que tous ceux qui honorent la Mère, pour l'amour de la fille, jouissent des consolations et du secours de toutes deux, durant le cours de leur vie, mais surtout à l'heure de la mort. Ainsi soit-il.

PRIÈRE POUR OBTENIR QUELQUE FAVEUR

O bienheureuse sainte Anne, aimable protectrice de tous ceux qui vous invoquent, consolatrice de tous les affligés, me voici prosterné à vos pieds. Daignez me prendre sous votre protection. Je vous recommande instamment telle affaire N., et vous conjure d'en recommander à votre tour le succès à Dieu et à Marie votre fille toute puissante. Ne repoussez pas ma prière, ô sainte Anne ; et je vous promets une reconnaissance éternelle pour ce bienfait. Obtenez-moi également de

Dieu la grâce d'être trouvé digne d'aller un jour avec vous et votre sainte fille Marie, le louer et le bénir pendant les siècles des siècles. Ainsi soit-il.

AUTRE PRIÈRE INDULGENCIÉE

Je vous salue, pleine de grâce, le Seigneur est avec vous, que votre grâce demeure en moi, vous êtes bénie entre toutes les femmes, et que sainte Anne votre Mère, de laquelle vous êtes née sans tache et sans péché, Vierge sainte, soit aussi bénie. puisque c'est de vous qu'est né Jésus-Christ, fils du Dieu vivant, Ainsi soit-il.

100 j. d'indulg. chaque fois. Et indulgence plénière le jour de la fête de Sainte Anne le 26 juillet à ceux qui l'ayant récitée au moins 10 fois par mois, s'approcheront des Sacrements et visiteront ce jour-là une église et y prieront aux intentions du Souverain Pontife.

Pie VII, 10 janvier 1815.

Pour faire une neuvaine à Sainte Anne, on peut réciter chaque jour les litanies ou une des prières ci-dessus et s'approcher des sacrements pendant la neuvaine.

CŒUR SACRÉ DE JÉSUS, AYEZ PITIÉ DE NOUS

100 j. d'indulgence.

DÉVOTION A SAINT ROCH
invoqué contre la peste

ANTIENNE A SAINT ROCH

Ave Roche sanctissime, nobili natus sanguine, Cru-	Nous vous saluons, saint Roch, issu d'un sang illustre,

vous dont le côté gauche a été empreint de l'image de la Croix ; vous qui, en vous éloignant de votre patrie, avez reçu de Dieu le don de guérir des maladies et de la peste par votre attouchement salutaire. Nous vous saluons, grand Saint, vous qui avez été ranimé par la voix d'un ange et à qui Dieu a donné le pouvoir de détourner des hommes les fléaux contagieux.

v. Saint Roch, priez pour nous.

R. Afin que nous méritions d'être préservés de la peste.

PRIONS

O Dieu, qui avez promis à saint Roch par le ministère de votre ange qui lui apporta la tablette sur laquelle était écrite cette promesse, de garantir des atteintes de la peste ceux qui l'invoqueraient avec piété faites, nous vous en supplions, qu'en honorant sa mémoire, nous obtenions par ses mérites d'être délivrés des maux contagieux de l'âme et du corps. Par Notre-Seigneur.

Ainsi soit-il,

cis signaris stigmate, sinistro tuo latere ; Roche, peregre profectus, pestiferos curas tactu, ægros sanas mirifice, tangendo salutifere. Vale, Roche, angelicæ vocis citatus flumine, qui potens es deifice a cunctis pestem pellere.

v. Ora pro nobis, beate Roche.

R. Ut mereamur præservari a peste.

OREMUS

Deus, qui beato Rocho, per Angelum tuum tabulam eidem afferentem promisisti, ut qui ipsum pie invocaverit, a nullo pestis cruciatu læderetur, præsta, quæsumus, ut qui ejus memoriam agimus, meritis ipsius a mortifera peste corporis et animæ liberemur. Per Christum Dominum nostrum.

Amen.

PRIÈRE A SAINT ROCH

Grand saint Roch, nous vous supplions de détourner de dessus nos têtes criminelles tout accident fâcheux ; préservez par votre intercession, nos corps de toutes maladies, et plus encore nos âmes de la contagion des vices et du mauvais exemple. Aidez-nous à faire un bon usage de la santé, à vivre comme vous dans les exercices de la pénitence et de la charité, pour jouir avec vous de la gloire et des délices immortelles que vous ont méritées vos vertus. Ainsi soit-il.

LITANIES DE SAINT ROCH

Seigneur, ayez pitié de nous.
Jésus-Christ, ayez pitié de nous.
Seigneur, ayez pitié de nous.
Jésus-Christ, écoutez-nous.
Jésus-Christ, exaucez-nous.
Père céleste, qui êtes Dieu, ayez pitié de nous.
Dieu le Fils, Redempteur du monde, ayez pitié de nous,
Saint-Esprit, qui êtes Dieu, ayez pitié de nous.
Sainte-Trinité, qui êtes un seul Dieu, ayez pitié de nous.
Sainte-Marie,
Sainte Mère de Dieu,
Sainte Reine des Anges,
S. Roch, très digne confesseur de Jésus-Christ,
S. Roch, qui avez généreusement méprisé les délices du monde,
S. Roch, qui avez tout abandonné pour l'amour de Jésus-Christ,
S. Roch, très généreux envers les pauvres,
S. Roch, qui avez désiré les opprobres,
S. Roch, qui avez aimé la croix de Jésus,
S. Roch, admirable par votre patience,
S. Roch, amateur de la pauvreté,
S. Roch, brûlant de charité,

Priez pour nous.

S. Roch, d'une humilité très profonde,
S. Roch, remarquable par l'austérité de votre vie,
S. Roch, modèle de toutes les vertus,
S. Roch, enrichi des bénédictions du Seigneur,
S. Roch, honoré du don des miracles,
S. Roch, qui avez délivré les peuples du fléau de la peste,
S. Roch, très puissant dans le ciel,
S. Roch, refuge assuré des pestiférés,
S. Roch, très doux consolateur des malades,
S. Roch, qui avez été atteint de la peste,
S. Roch, abandonné des hommes dans votre maladie,
S. Roch, guéri d'une manière miraculeuse,
S. Roch, nourri miraculeusement dans un désert,
S. Roch, jeté en prison par vos parents,
S. Roch, mort dans les fers comme un malfaiteur,
S. Roch, couronné d'honneur et de gloire dans le ciel,
S. Roch, que nos pères ont invoqué et qui les avez délivrés,
S. Roch, notre secours et notre refuge dans les calamités, priez pour nous.

Priez pour nous.

Agneau de Dieu, qui effacez les péchés du monde, pardonnez-nous, Seigneur,

Agneau de Dieu, qui effacez les péchés du monde, exaucez-nous, Seigneur,

Agneau de Dieu, qui effacez les péchés du monde, ayez pitié de nous.

V. Priez pour nous, bienheureux Saint Roch,
R. Afin que nous nous rendions dignes des promesses de Jésus-Christ.

ORAISON

Recevez, Seigneur, avec bonté votre peuple, qui a recours à vous, afin que, par l'intercession du bienheureux Saint Roch, votre miséricorde nous préserve des fléaux dont votre colère nous menace, Par Jésus-Christ Notre Seigneur. Ainsi soit-il.

Cantiques à Saint Sébastien

1er Cantique

I

Chrétiens qui combattons aujourd'hui sur la terre,
Souvenons-nous toujours au milieu du danger,
Que nous avons au ciel un Protecteur, un Père,
Dont le bras tout-puissant saura nous protéger.

Chantons la brillante victoire,
De notre puissant Protecteur.
Célébrons tous sa gloire,
En ces jours de bonheur.

2

Réjouissons-nous tous, en ces beaux jours de fête,
Par un nouveau cantique et des chants glorieux ;
Du grand saint Sébastien célébrons la conquête.
Et la double couronne qu'il reçoit dans les cieux.

3

Ce courageux chrétien, animé d'espérance,
De la Croix de Jésus intrépide soldat ;
Pour la faire régner, dans la lice il s'élance,
Et nous invite tous à l'honneur du combat.

4

Mais bientôt on entend l'impiété cruelle
Demander, par ses cris, du chrétien triomphant

Le martyre et la mort ; mais à la Croix fidèle
Sébastien reste ferme à la voix du tyran.

5

En vain on lui promet, en vain on le menace,
Mille mains en fureur cherchent à le percer,
En face de la mort, soutenu par la grâce,
Ce chrétien courageux ne sait pas balancer.

6

Dans la mort, ô prodige, il retrouve la vie,
Et du sein du tombeau sorti tout glorieux,
Il voudra s'élever contre la tyrannie,
Et de nouveau mourir pour Jésus roi des cieux.

7

Le tyran consterné, tout écumant de rage,
Contre saint Sébastien veut un dernier effort ;
Sous les coups redoublés, le Saint reçoit le gage
De la gloire des cieux que lui donne la mort.

8

Glorieux Sébastien, du séjour de la gloire
Obtenez-nous qu'un jour, auprès de l'Éternel,
Après avoir aussi remporté la victoire,
Nous allions tous chanter le cantique immortel.

2me Cantique

1

Chantons les combats et la gloire
De notre Patron glorieux ;

Il a remporté la victoire ;
Il est couronné dans les cieux.
Il n'est plus pour lui de tristesse,
Plus de soupirs, plus de douleurs ;
Il moissonne dans l'allégresse
Ce qu'il a semé dans les pleurs.

1er REFRAIN (1)

Heureux Martyr, du séjour de la gloire
Où vous régnez auprès de l'Éternel,
Saint Sébastien, après votre victoire,
Pour vos enfants, daignez prier au ciel.

2e REFRAIN

Honneur, louange, amour et gloire
A Saint Sébastien glorieux
Chantons, célébrons sa mémoire
Il est couronné dans les cieux.

2

Chef de la milice romaine,
Sébastien prend part au combat;
De César soutient le domaine,
En bon et valeureux soldat ;
Mais chrétien fervent et fidèle,
Pour la gloire du Tout-Puissant,
On le voit toujours avec zèle,
Priant, luttant et combattant.

3

Plein de mépris pour cette vie,
Des Chrétiens captifs pour Jésus
Les fers excitent son envie.
Il soutient les cœurs abattus,

(1) On peut chanter ce cantique tel qu'il est avec le premier refrain ou bien diviser les couplets en deux et prendre pour refrain le deuxième.

Des malheureux il est l'asile,
De l'opprimé, le défenseur,
Et sa parole rend docile
L'impie à la loi du Seigneur.

4

Bientôt la puissance cruelle
Fait entendre un cri menaçant;
Sébastien au Christ est fidèle,
On le dénonce au fier tyran.
Au poteau des mains sacrilèges
Attachent le noble soldat,
Celui, Seigneur, que tu protèges,
Ne redoute pas le combat.

5

Du sein de la mort, ô merveille,
Le Saint se relève plus fort.
Animé d'une ardeur nouvelle,
Il court au-devant de la mort;
Il se présente au juge impie,
Lui reproche sa cruauté,
Désireux de donner sa vie
Pour défendre la vérité.

6

Invincible athlète, il soupire
Après la gloire des élus ;
Volez, oui, volez au martyre,
Généreux soldat de Jésus ;
Anges saints, ouvrez vos portiques
A Sébastien victorieux,
Et célébrez dans vos cantiques
Le nouvel habitant des cieux.

7

Grand Saint vous avez de l'impie

Bravé l'impuissante fureur,
Et sans peur donné votre vie,
Pour rester fidèle au Seigneur.
Nous voulons tous, suivant vos traces,
Demeurer chrétiens combattants,
Du ciel obtenez-nous les grâces
De vaincre en dépit des méchants,

8

Que l'amour de la loi divine,
Et l'amour sacré du Seigneur,
Fassent battre notre poitrine
D'une même et sublime ardeur ;
Et puissions-nous toute la vie,
Garder unis au fond du cœur
Avec l'amour de la patrie
L'amour de la croix du Sauveur.

9

Vous habitez dans la patrie,
Et nous errons comme étrangers :
Votre sort est digne d'envie,
Et le nôtre plein de dangers :
Vous fûtes tout ce que nous sommes,
Au mal exposé comme nous.
Demandez au Seigneur des hommes
Qu'un jour nous régnions avec vous.

3me Cantique

I

Toi qu'en ce jour notre prière implore,
Sur ce pays daigne abaisser les yeux ;

Quitte un instant le ciel où l'on t'honore,
Saint Sébastien, viens exaucer nos vœux.

O notre Père,
De tes enfants,
Accueille la prière
Et les vœux et les chants.

2

Qu'ils étaient beaux, les jours de ta jeunesse,
Quand la vertu dirigeait tous tes pas;
Quand, méprisant le monde et sa mollesse,
Tu t'apprêtais aux plus rudes combats.

3

Des fiers Césars les esprits se troublèrent,
Quand des chrétiens tu défendais les droits,
Et des démons les temples s'écroulèrent
Sous l'étendard triomphant de la croix.

4

Aussi tu vois s'amonceler l'orage,
L'enfer frémit d'un aveugle courroux;
C'est contre toi qu'il veut armer sa rage,
Saint Sébastien, tu braveras ses coups.

5

De Jésus-Christ généreuse victime,
Ton front brillait d'un éclat radieux;
Et ton regard, qu'un feu céleste anime,
Cherchait Jésus dans la gloire des cieux.

6

Enfin, Jésus a de sa main puissante
Brisé tes fers, intrépide héros !
Tu meurs vainqueur !... ton âme triomphante
S'envole au sein de l'Eternel repos.

7

Saint Sébastien, pour toi, dans cette église,
S'élève un trône et de grâce et d'amour ;
Vois à tes pieds cette foule soumise
T'offrir ses vœux et ses chants tour à tour

8

De ta famille exauce la prière,
Et sois toujours protecteur de ces lieux ;
Et tu verras toujours sous ta bannière,
Marcher ici des enfants généreux.

9

Guide nos pas vers la sainte patrie,
Du pur amour allume en nous les feux,
Afin qu'après l'exil de cette vie,
Par ton secours nous volions vers les cieux.

4me Cantique

1

O Sancte Sebastiane ! Quem progenitum Narbonæ Galli colunt ut patronum. Votis faveto clientum.	O glorieux Saint Sébastien, Assistez le peuple chrétien ; Gd saint, daignez prier pour nous Qui avons confiance en vous.

2

Tu miles supremi Regis, Et præco divinæ Legis,	Digne soldat du Dieu sauveur, Bien grande était votre ferveur,

Pour le servir fidèlement Et le prêcher diligemment.	Quos in fide pater gignis, Ad palmam victores mittis.

3

Il était votre unique appui, Et vous, vous étiez tout à lui ; Au ciel il mettait triomphants Ceux qui devenaient vos enfants.	Jam non vivis, in te vivit. Christus; quin et per te vincit Tuo dum sermones fortes, Infert cœlo triumphantes.

4

Quand ces enfants tout glorieux, Devant vous ravissaient les cieux G[d] saint, combien désiriez-vous Mourir pour le Dieu mort pour tous.	Quos in agone communis, Horum sortem æmularis, Ut Christo confixus cruci, Vicem rependas amanti.

5

Votre désir est exaucé, De flèches vous êtes percé, Et vos blessures sont des voix Qui célèbrent le Roi des rois.	Vota succedunt: ferocis Tyranni jussu, sagittis Fixus, tot buccis quot plagis Christum martyr confiteris.

6

Enfin, sous mille coups brisé, Et du saint amour embrasé, Vous tombez, mais victorieux, Votre belle âme monte aux cieux.	Non sat amori quo flagras, Ni vitam pro vita reddas, Fustibus obritus duris, Amans et Victor occumbis.

7

Là haut des pécheurs malheureux Vous connaissez les maux affreux ; De la colère du Seigneur, Apaiser la juste rigueur.	Quæ nos premunt mala nosti. Spinis pungimur peccati ; Iram meremur Tonantis, Ejus occurre flagellis.

8

O Sebastiane ! plebis Audi preces te vocantis ; Supplex avertas a nobis Pestem corporis et mentis	O bienheureux Saint Sébastien, A qui Dieu ne refuse rien, Eloigner de nous les fléaux, Et le péché, source des maux.

9

Fac ut in terris morantes, Deo digne servientes, Et carnis mole soluti, Olim simus Christo juncti. Amen.	Faites qu'en tout temps, en tout lieu, Nous servions notre Dieu, Et qu'un jour au ciel le bonheur Couronne enfin notre ferveur. Ainsi soit-il.

Autre refrain

O notre tendre Père,
Du séjour des élus,
Entends notre prière
Conduis nous à Jésus.

**SAINT-SÉBASTIEN NOTRE PROTECTEUR
PRIEZ POUR NOUS AUPRÈS DU SEIGNEUR**

CANTIQUES A S^{TE} ANNE

1er CANTIQUE

Refrain

Daignez, Sainte Anne, en un si beau jour,
De vos enfants agréer l'amour !

1

Vers son sanctuaire,
Depuis deux cents ans,
La Vierge à sa mère
Conduit ses enfants.

2

Dans chaque famille
Son nom est chanté,
Et toujours y brille.
La douce gaieté.

3

Sous son patronage
Règne le bonheur,
La paix du ménage
Et la paix du cœur.

4

Comme ont fait nos pères,
Aimons-là toujours ;
Et de temps prospères,
Nous suivrons le cours.

5

Montrons-nous sans crainte
Ses dignes enfants ;
Sous sa garde sainte,
Marchons triomphants.

6

Ah ! soyez propice,
Sainte-Anne, à nos vœux ;
Gardez-nous du vice
Rendez-nous pieux.

7

Bonheur dans la vie,
Près de votre autel,
Et dans la Patrie,
Bonheur éternel !

2me CANTIQUE

Premier Refrain

Sainte Anne, ô douce Patronne !
Nous sommes à vos genoux ;
Toujours vous êtes si bonne ;
Implorez Jésus pour nous !

Deuxième Refrain

Vers Sainte Anne
Notre Mère
Accourons tous confiants
A sa gloire
A sa mémoire
Vouons nos cœurs et nos chants.

1

Salut ! Mère de Marie !
Sainte aïeule du Sauveur !
Salut ! de notre patrie
La protectrice et l'honneur !

2

Quand le ciel voulut au monde
Donner le Verbe d'amour,
Il sut vous rendre féconde,
Et la Vierge vit le jour.

3

A la droite de Marie,
Tout pouvoir vous est donné ;
Le pèlerin qui vous prie
N'est jamais abandonné.

4

A votre auguste prière,
Comme à la voix de Jésus,
L'aveugle voit la lumière
L'infirme ne boite plus.

5

L'affligé dans sa tristesse,
Le malade en ses douleurs,
Le pauvre dans sa détresse
L'orphelin sèchent leurs pleurs

6

Au fond des bois, le sauvage
Est préservé de la mort ;
Et le navire en naufrage
Par vous est conduit au port !

7

Sur nous, sur notre patrie,
Bonne Sainte Anne toujours
Daignez, je vous en supplie,
Etendre votre secours.

8

Du vieillard et de l'enfance
Prosternés à votre autel,
Les chants de reconnaissance
Pour vous monteront au ciel.

3me CANTIQUE

Refrain

Vive sainte Anne ! elle est notre patronne,
Puissante au ciel, elle exauce nos vœux ;
Pour ses enfants elle est toujours si bonne !
Invoquons-la, nous la verrons aux cieux (*bis*).

1

Ici, chrétiens, la fervente prière,
Obtient santé, pardon, grâce et bonheur.
Jamais la foi, dans ce doux sanctuaire,
Ne vit sainte Anne insensible au malheur.

2

Pauvre perclus, tu gis dans l'impuissance...
« Je le promets si cet homme est guéri...
« Dit l'incroyant, j'embrasse sa croyance ! »
C'est fait... je crois... Mon Dieu soyez béni !

3

L'enfant aveugle invoque sa patronne :
« Bonne sainte Anne, ouvre mes petits yeux ! »
Je vois, sainte Anne. Oh ! quelle est belle et bonne !
Père, je vois ! chantons d'un cœur joyeux :

4

Depuis deux ans l'art prescrit ses remèdes...
Mon père dit : La science n'y peut rien.
Guéris mon corps et mon âme tiède,
Car de Jésus le pouvoir est le tien...

5

Voyez, passants, cette petite fille
Aller, venir, sautillant de bonheur ;
Sainte Anne vient de garder sa béquille
Chantons encor, oui chantons de grand cœur.

6

Les matelots ont perdu le courage.
Bientôt la mort aura fixé leur sort.
Bonne sainte Anne, apaise cet orage,
Délivre nous, nous chanterons au port :

7

Devant nos yeux déployant sa bannière,
Sainte Anne dit : Pratiquez votre foi ;
Ne craignez rien, votre arme est la prière,
Votre soutien, c'est Jésus sur la Croix.

8

Oui, sur tes pas nous marcherons sans cesse,
En suivant les divins enseignements !
Mais tu connais notre extrême faiblesse :
Ah ! soutiens-nous et rends-nous triomphants !

4me CANTIQUE

1

O Mère de Marie,
Digne objet de nos chants !
Sainte Anne, je te prie,
Veille sur tes enfants.

2

Marie sur la terre
Reçut tes soins touchants,
Toi qu'elle nomma sa mère,
Veille sur tes enfants.

3

Beau lys incomparable,
Témoin des jeunes ans
De la Vierge admirable,
Veille sur tes enfants.

4

De l'enfance chérie,
Guide les pas chancelants,
Notre cœur t'en supplie,
Veille sur tes enfants.

5

Des époux le modèle,
Rends-les tous triomphants
A Dieu toujours fidèle,
Veille sur leurs enfants

6

Des malheureux l'asile,
Dans les dangers pressants,
A tous nos vœux dociles,
Veille sur tes enfants.

7

Noble et sainte patronne,
Ecoute nos accents
Sois nous toujours si bonne,
Veille sur tes enfants.

8

Sainte Anne notre Mère,
Au ciel Vous triomphants
En quittant cette terre
Conduis-nous tes enfants.

5me CANTIQUE

Refrain

Sainte Anne, o bonne Mère,
Toi que nous implorons,
Entends notre prière,
Et bénis tes enfants.

1

Quand l'erreur se déchaine
Pour vaincre notre foi,
Puissante souveraine,
Nous espérons en toi.

2

Protège le Saint Père,
Dont le cœur humble et grand
Souffre sur le Calvaire
Comme Jésus mourant.

3

Fais que la sainte Église,
Répande en liberté
Sur la terre soumise
L'auguste vérité.

4

Rends à la noble France,
Sa gloire d'autrefois ;
Fais grandir sa puissance
A l'ombre de la Croix.

5

Que le pauvre village
Et les riches cités
Sous ton doux patronage
Soient toujours abrités.

6

O sainte Anne, ô Marie,
Nosvœux montent jusqu'àvous
Sauvez notre patrie
Priez, priez pour nous.

OFFICE PROPRE

DE

SAINT SÉBASTIEN, MARTYR

POUR

LA PAROISSE DE MERFY

(DIOCÈSE DE REIMS)

20 JANVIER.

FÊTE DE SAINT SÉBASTIEN, MARTYR.

(*Double de 1re classe.*)

AUX Ires VÊPRES.

Comme aux IIes Vêpres, excepté le dernier Psaume qui est Laudáte Dóminum, *p.* 34.

℣. Glória et honóre coronásti eum, Dómine.

℟. Et constituísti eum super ópera mánuum tuárum.

A Magnificat.

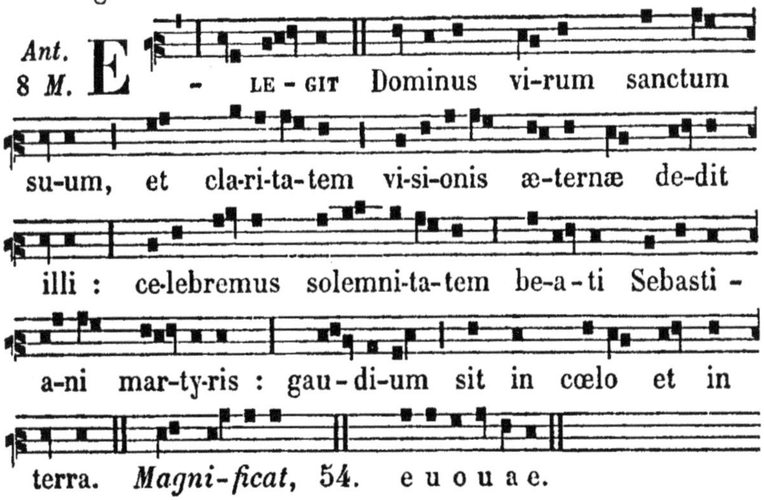

A LA MESSE.

e-le - ctam : in pha-retra su-a abscondit me,
et dixit mi - hi : servus me - us es tu, Isra -
el, qui-a in te glo - ri-a-bor. Ps. Confi-ge
timore tu-o, Domine, car-nes me-as : * A ju-di -
ci-is enim tu-is timu-i. ℣. Glori-a Patri. e u
o u a e.
Grad. 5 M. MULTITUDO languen-ti-um ve-ni-e -
bat ad be - a - tum Se - basti-a - num, et
sa-na-bantur om - nes : qui ad hoc tan-tum sub
chla - myde Chri-sti mi - li-tem
a - ge-bat absconditum, ut De - o
redderet animas quas di - abo-lus cona-ba -
tur au - fer-re. ℣. Accinge-
re gla-di-o tu -

o su-per fe-mur tu-um
po-tentis -
- sime, sagit-tæ tu-æ acu -
- tæ, po-pu-li sub te ca - dent.
7 M. ALLE - LU - IA. ij.
℣. In is-to lo -
co promis - si-o vera est, et pecca - to - rum
remis - si-o, splen-dor et lux æter-na, et
si-ne fi-ne læti - ti-a, quam me-ru-it Christi
martyr Se-ba - sti-a - nus.
Offert. 6 M. DO-CU-IT mul - tos, ma - nus las - sas
ro - bora - vit : va-cil-lan - tes confirmave -

AUX IIes VÊPRES.

Psaumes du Dimanche, excepté le dernier qui est Crédidi, *p.* 51.

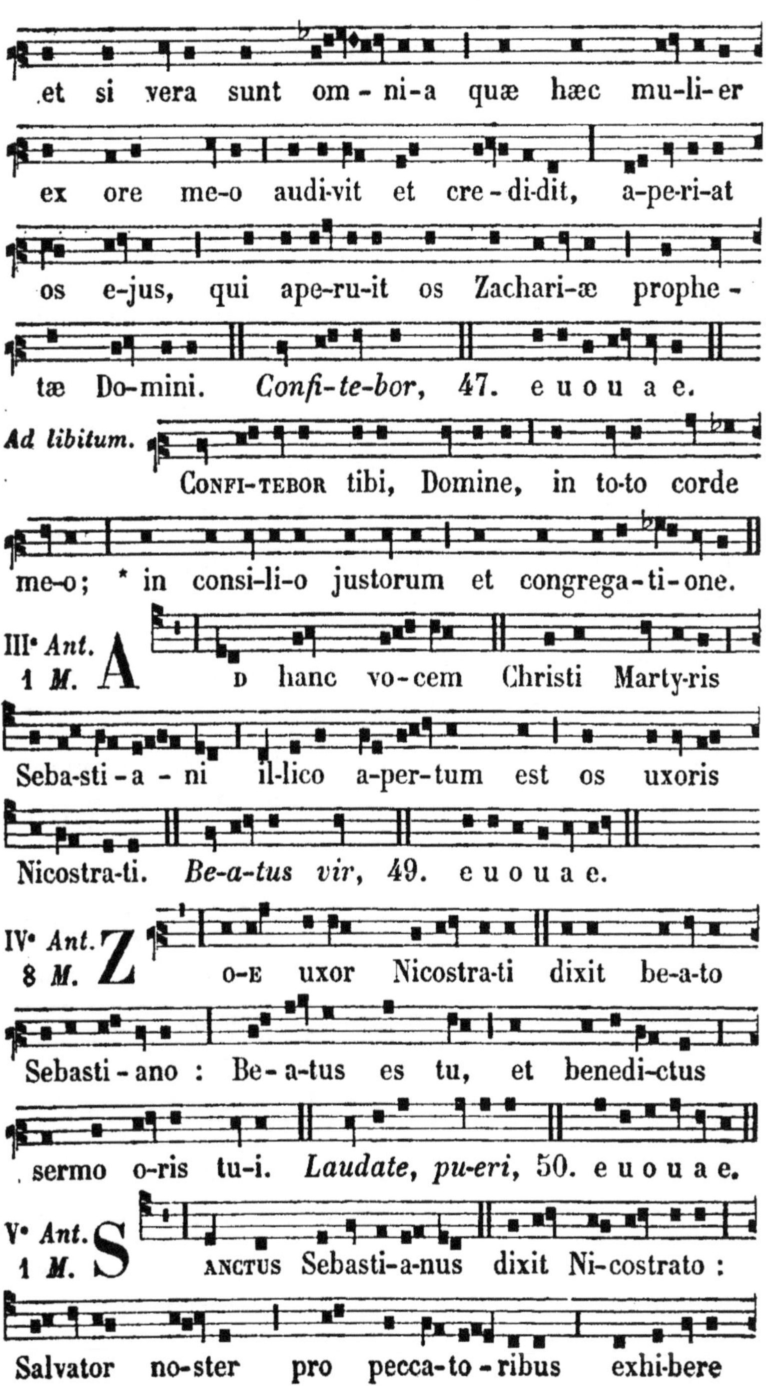
et si vera sunt om-ni-a quæ hæc mu-li-er
ex ore me-o audi-vit et cre-di-dit, a-pe-ri-at
os e-jus, qui ape-ru-it os Zachari-æ prophe-
tæ Do-mini. Confi-te-bor, 47. e u o u a e.
Ad libitum.
CONFI-TEBOR tibi, Domine, in to-to corde
me-o; * in consi-li-o justorum et congrega-ti-one.
IIIe Ant.
1 M.
AD hanc vo-cem Christi Marty-ris
Seba-sti-a-ni il-lico a-per-tum est os uxoris
Nicostra-ti. Be-a-tus vir, 49. e u o u a e.
IVe Ant.
8 M.
ZO-E uxor Nicostra-ti dixit be-a-to
Sebasti-ano : Be-a-tus es tu, et benedi-ctus
sermo o-ris tu-i. Laudate, pu-eri, 50. e u o u a e.
Ve Ant.
1 M.
SANCTUS Sebasti-a-nus dixit Ni-costrato :
Salvator no-ster pro pecca-to-ribus exhi-bere

digna-tus est su-am præ-senti-am. *Credidi*, 51.
e u o u a e.

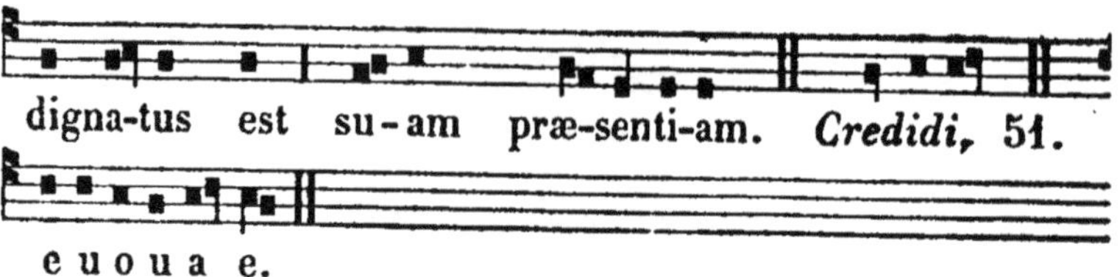

Capitule. (*Eccli.* 51.) — Memorátus sum misericórdiæ tuæ Dómine, et operatiónis tuæ, quæ a sæculo sunt : quóniam éruis sustinéntes te Dómine, et líberas eos de mánibus géntium. ℟. Deo grátias.

Hymne.
x *M.*
(2)

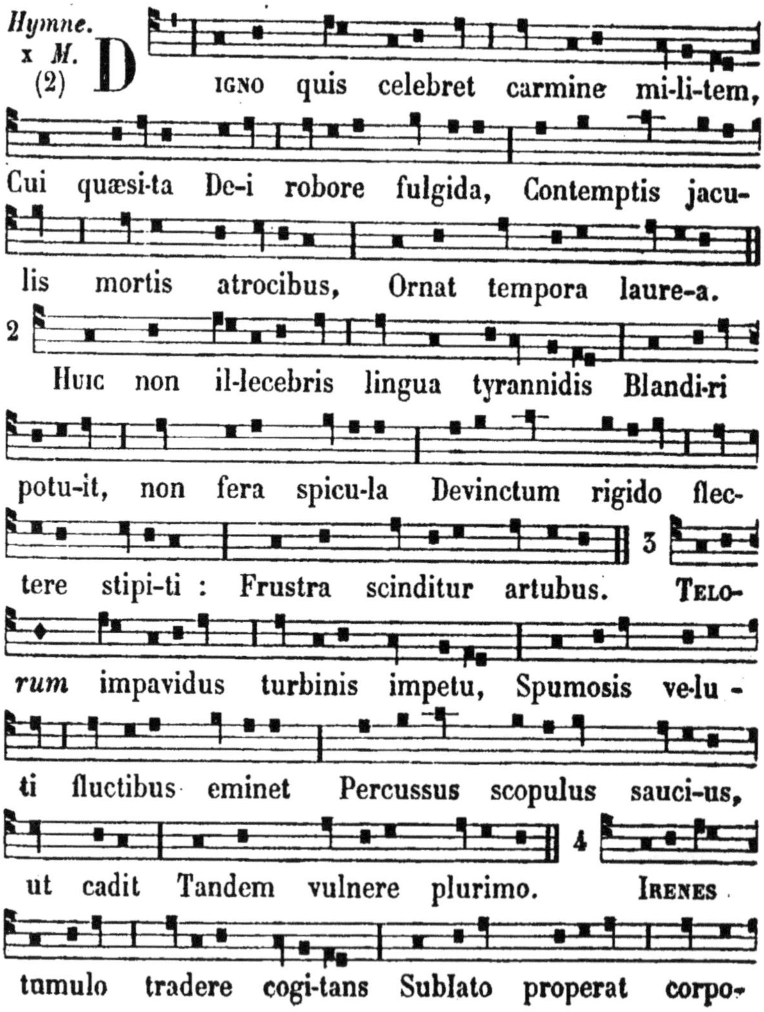

Digno quis celebret carmine mi-li-tem,
Cui quæsi-ta De-i robore fulgida, Contemptis jaculis mortis atrocibus, Ornat tempora laure-a.
2 Huic non il-lecebris lingua tyrannidis Blandi-ri
potu-it, non fera spicu-la Devinctum rigido flectere stipi-ti : Frustra scinditur artubus. 3 Telo-
rum impavidus turbinis impetu, Spumosis ve-lu-
ti fluctibus eminet Percussus scopulus sauci-us,
ut cadit Tandem vulnere plurimo. 4 Irenes
tumulo tradere cogi-tans Sublato properat corpo-

℣. Justus ut palma florébit.
℟. Sicut cedrus Líbani multiplicábitur.

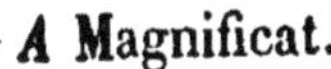
A Magnificat.

Après les Vêpres, Salut et Bénédiction du T. S. Sacrement, puis Procession avec les Reliques de saint Sébastien.

FÊTE DE LA CONFRÉRIE.

Tout comme au jour de la Fête.

Après les Vêpres, Procession au chant du Ps. Misericórdias, *p.* 56.

Après chaque ℣., *le Chœur reprend* Misericórdias.

¶ *Pendant la Procession, on pourrait aussi chanter l'Hymne suivante :*

Prendre les autres Strophes à la page 57.

Au troisième tour de la Procession, Chant du Te Deum.

Ensuite, Salut et Bénédiction du T. S. Sacrement.

Après la Bénédiction, on chante 3 *fois l'Invocation :*

Et enfin, pour les Confrères défunts :

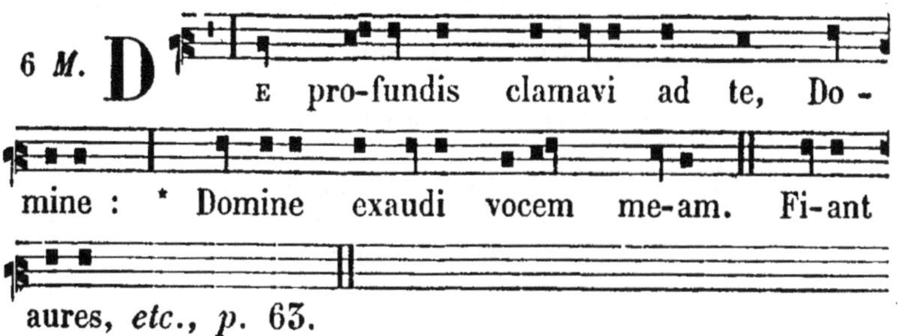

HYMNES ET PROSES

QUI PEUVENT ÊTRE CHANTÉES AU SALUT.

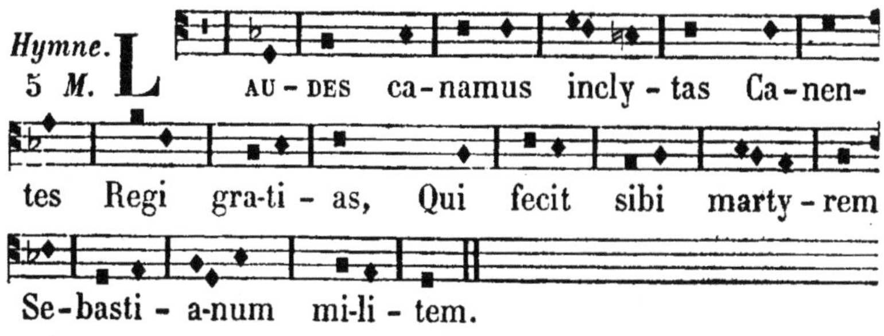

Prendre les autres Strophes à la page 72.

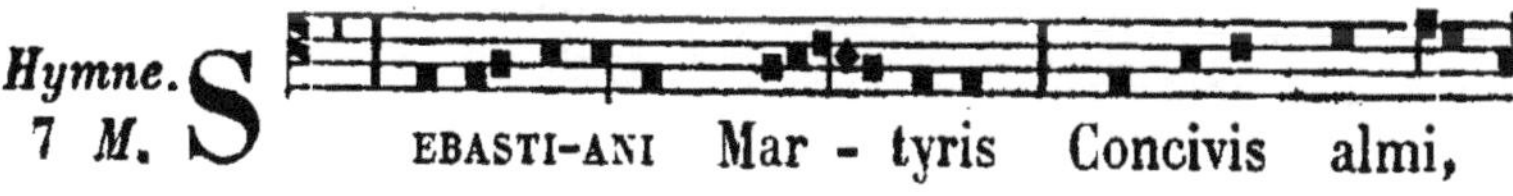

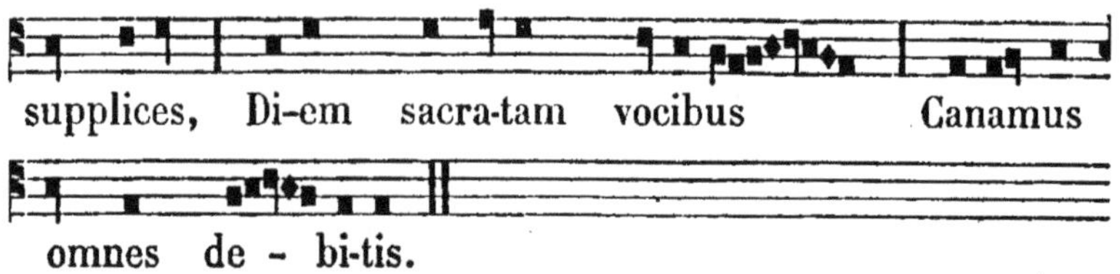

Prendre les autres Strophes à la page 73.

Hymne.
4 *M.*

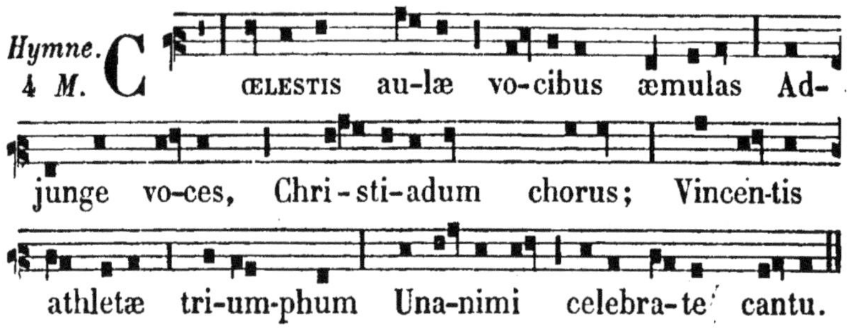

Prendre les autres Strophes à la page 65.

Hymne.
XIII *M.*
(5)

Prendre les autres Strophes à la page 66.

Ire PROSE.

6 *M.*

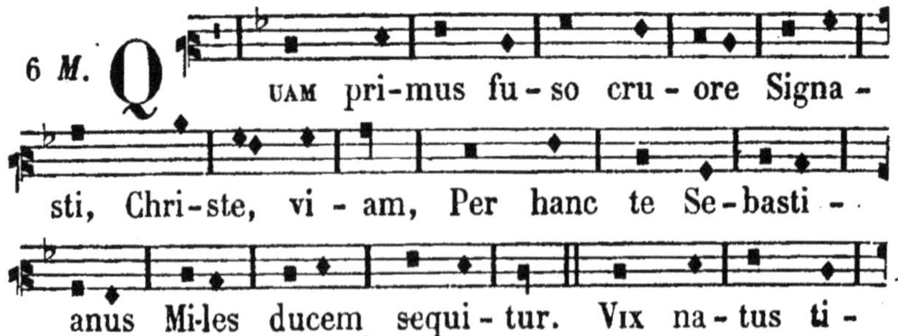

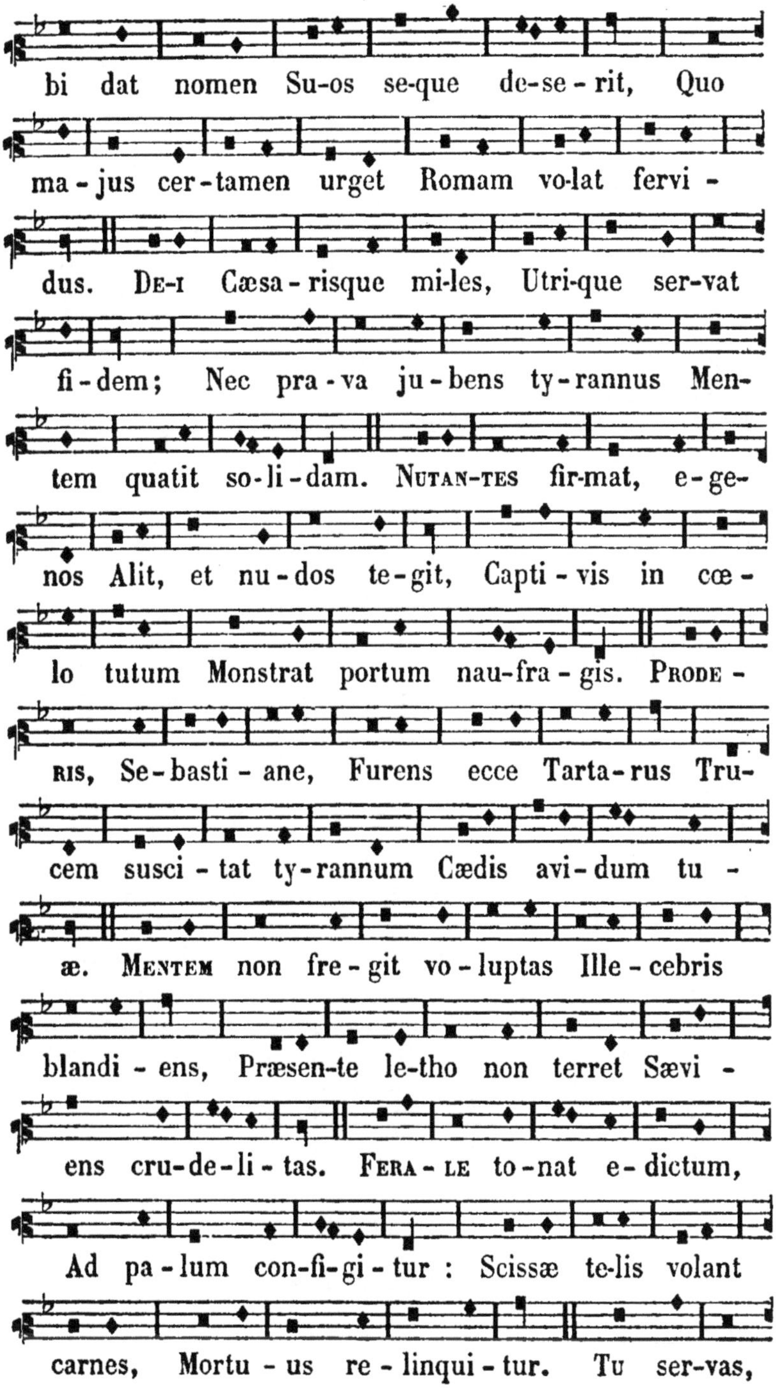

bi dat nomen Su-os se-que de-se-rit, Quo

ma-jus cer-tamen urget Romam vo-lat fervi-

dus. DE-I Cæsa-risque mi-les, Utri-que ser-vat

fi-dem; Nec pra-va ju-bens ty-rannus Men-

tem quatit so-li-dam. NUTAN-TES fir-mat, e-ge-

nos Alit, et nu-dos te-git, Capti-vis in cœ-

lo tutum Monstrat portum nau-fra-gis. PRODE-

RIS, Se-basti-ane, Furens ecce Tarta-rus Tru-

cem susci-tat ty-rannum Cædis avi-dum tu-

æ. MENTEM non fre-git vo-luptas Ille-cebris

blandi-ens, Præsen-te le-tho non terret Sævi-

ens cru-de-li-tas. FERA-LE to-nat e-dictum,

Ad pa-lum con-fi-gi-tur : Scissæ te-lis volant

carnes, Mortu-us re-linqui-tur. Tu ser-vas,

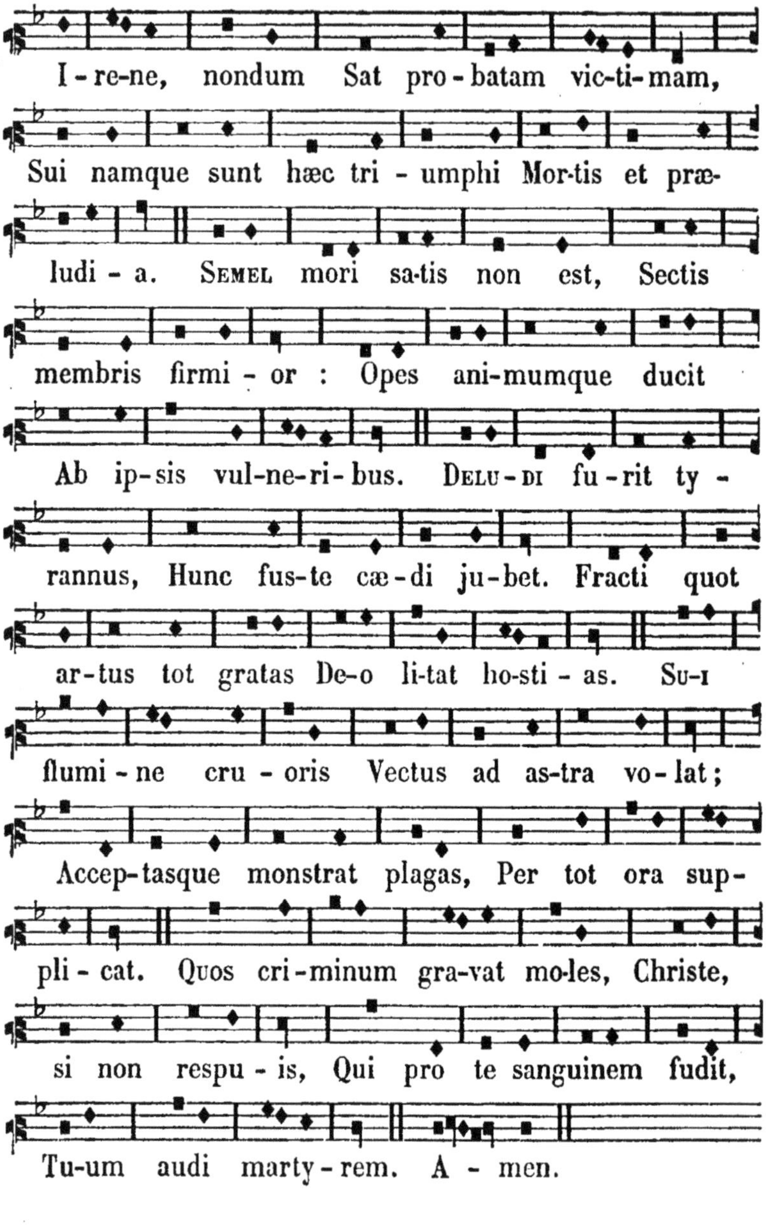
I-re-ne, nondum Sat pro-batam vic-ti-mam,
Sui namque sunt hæc tri-umphi Mor-tis et præ-
ludi-a. Semel mori sa-tis non est, Sectis
membris firmi-or : Opes ani-mumque ducit
Ab ip-sis vul-ne-ri-bus. Delu-di fu-rit tyrannus, Hunc fus-te cæ-di ju-bet. Fracti quot
ar-tus tot gratas De-o li-tat ho-sti-as. Su-i
flumi-ne cru-oris Vectus ad as-tra vo-lat;
Accep-tasque monstrat plagas, Per tot ora sup-
pli-cat. Quos cri-minum gra-vat mo-les, Christe,
si non respu-is, Qui pro te sanguinem fudit,
Tu-um audi marty-rem. A-men.

II° PROSE.

5 M. M
ilita-re Et De-i pro causa sta-

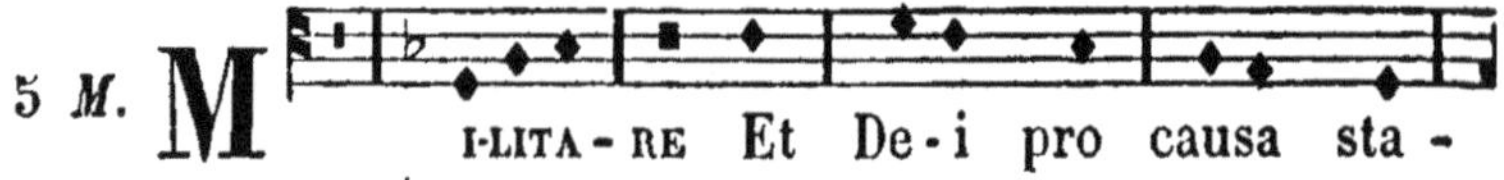

re De-bet om-nis. Christi-a-nus pro Christo
Se-basti-a-nus To-tus i-gnis Quæ mora-tur
nimi-um Solum ex-tra patri-um Quæ-rit
mor-tem. Quorum fi-dem exci-tat Et catenas vi-si-tat Ambit sor-tem. Non promis-sis
alli-cis Nil terro-re pro-fi-cis Impera-tor.
Vi-ta non adimi-tur Christo sed con-figi-tur
Chri-sti cul-tor. Hæ sagit-tæ transe-unt Cor
sagit-tæ subc-unt Ca-ri-ta-tis. Surgit for-tis
vulne-re Rursum bel-la gere-re Ve-ri-ta-tis.
Nil ab hos-te metu-it Sub quo tel-lus tremuit Hujus i-ram argu-it Impoten-tem. Membra tor-tor lace-rat, Vi-am fi-des re-se-rat
Qua victri-cem libe-rat Car-ne men-tem. Ex

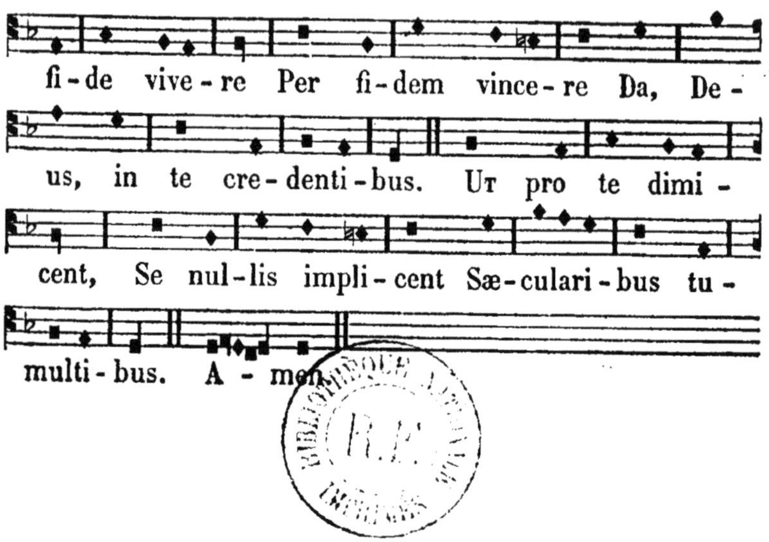

IMPRIMATUR :

Remis, die 5ª Decembris 1890.

† B. M. Card. LANGENIEUX,

ARCH. REMENSIS.

21 766. — Paris, Imprimerie Lahure, 9, rue de Fleurus.

TABLE

CANTIQUES A SAINT SÉBASTIEN

CANTIQUES A SAINTE ANNE

www.ingramcontent.com/pod-product-compliance
Ingram Content Group UK Ltd.
Pitfield, Milton Keynes, MK11 3LW, UK
UKHW020331180726
13839UKWH00002B/642